재밌어서 밤새 읽는

고사성어
이야기 2

재밌어서 밤새 읽는

고사성어
이야기 2

언어의 품격을 높이는 필수 교양

박은철 글·그림

더숲

한문은 문학, 역사, 철학을 아우르는 인문학의 바다입니다.

한문 교과서를 보면 고사성어 단원이 있습니다. 정해진 수업 진도를 나가야 하는데 그 단원에서는 유난히 시간이 부족했습니다. 고사성어 하나하나에는 인문학의 진수들이 오롯이 담겨 있어서, 다양한 이야깃거리와 지식·지혜·생각거리로 가득했기 때문입니다. 간단히 유래와 뜻을 설명하고 지나가기엔 너무나 아까운 것들이었습니다.

공부란 자신의 삶을 가꾸며 미래에 대한 통찰력을 얻고, 세상을 아름답게 변화시켜 가는 과정입니다. 고사성어에서 그런 의미를 찾으려면 여간 시간과 정성이 드는 일이 아니었습니다.

번번이 시간의 제약에 부딪혀 아쉽던 차에 책으로 풀어낼 기회를 얻었습니다. 오랜 시간이었지만 글을 쓰고 그림을 그리면서 가슴이 벅차고 즐거웠습니다. 그 작업은 대부분의 사람들이 지금까

지 알고 있을 고사성어의 해상도를 최대한 높이는 작업이었습니다. 유래가 된 한자·한문 원문을 꼼꼼히 분석하고, 역사뿐 아니라 당시의 문화·관습·자연·지리 등 해상도의 요소들도 소중히 다루었습니다.

읽는 모든 분들이 드넓은 고사성어의 고화질 세계를 행복하게 여행하시는 데 작은 도움이라도 되기를 빕니다. '재밌어서 밤새 읽는' 책 여행으로 우리의 생각과 삶이 더 깊고 더 의미 있게 변하기를 기대합니다.

최종 검토를 해주신 김주화, 김혜진, 임주연 선생님께 감사드립니다. 끝으로 책이 나오기까지 오랜 시간 믿고 기다려 주신, 함께 고민한 더숲출판사 편집자들과 디자이너께 감사드립니다.

차례

나무랄데 없는 꽫찬 육간형 두제 완성!

기마전술,
한단
북경
연
조
제
위
한
소금,철생산
고조선
가장 먼저
패권 잡음
가장 넓은 땅
가장 많은 인구
진
초
최약체
가장
먼저 멸망
최강
군사력,
진시황

전국 시대(戰國時代)
B.C 403 ~ B.C 221

삼국 시대 (三國時代)
A.D 220 ~ 280

일러두기

• 1권과 2권에서 다룬 240여 개의 고사성어와 한자성어 외에, 지면의 한계상 다루지
못한 고사성어와 이야기들은 책 말미 '다다익선, 더 알고 싶은 고사성어 이야기'에
별도로 담았습니다.

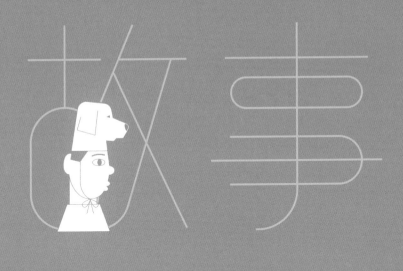

1장   예술과 인생

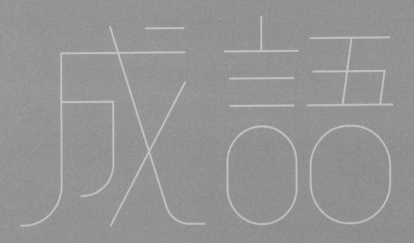

01 정점에 이른 후의 허무

畵 龍 點 睛
화 룡 점 정

畵 그림 화 　**龍** 용 룡(용) 　**點** 점 점 　**睛** 눈동자 정

중국 남북조 시대 양(梁)나라에 장승요(張僧繇)라는 사람이 있었습니다. 그는 우군장군이라는 높은 벼슬을 지낸 무관이자 불교 인물화와 산수화의 대가이기도 했습니다.

　후세 사람들은 그를 동진(東晉)의 고개지(顧愷之), 송(宋)의 육탐미(陸探微), 당(唐)의 오도자(吳道子, 개명한 이름은 오도현吳道玄)와 함께 중국 화단의 4대 조상으로 추앙합니다. 특히, 장승요는 사물을 치밀하게 묘사하는 극사실주의 화풍의 화가로 사원의 벽화를 자주 그렸습니다.

어느 날, 강소성(江蘇省) 금릉(金陵)에 신축된 안락사(安樂寺)의 주지 스님으로부터 벽에 용 그림을 그려달라는 요청을 받았습니다.

그는 처음에 거절했으나 주지 스님의 간곡한 청에 못 이겨 붓을 들어 용을 그리기 시작했습니다. 불교에서의 용은 중생을 지혜의 세계로 인도하는 신령한 동물입니다. 또한 불교의 법을 수호하고 번창시키는 여덟 신 중 하나이기도 합니다.

장승요가 붓을 들고 그리기 시작하자 용의 신비로움이 그대로 드러났습니다. 벽에 그려진 용은 네 마리였습니다. 각자 살아 꿈틀대는 뱀 몸뚱이에 빛나는 물고기 비늘, 멋진 사슴뿔, 날카로운 매의 발톱은 하나하나 생동감이 흘러넘쳤습니다.

"우와, 용이 정말 살아 있는 것 같네."

구경 나온 사람들은 다들 탄성을 내질렀습니다. 그런데 한 가지 이상한 것이 있었습니다. 장승요는 용의 눈에 눈동자를 그려넣지 않았던 것입니다.

사람들이 그 이유를 물었습니다.

그때마다 장승요는 이렇게 대답했습니다.

"내가 눈동자를 그려넣는 순간 용이 벽을 부수고 하늘로 올라가버릴 것이기 때문이오."

사람들은 그 말을 듣고 다들 비웃었습니다.

"에이, 당신이 그림을 잘 그리는 건 맞지만 허풍이 심하시네요.

눈동자를 그리면 용이 하늘로 올라간다니. 그런 말도 안 되는 거
짓말을 믿으라는 것입니까?"

"혹시 마무리하는 데 자신이 없어서 그런 것 아닌가요? 어서 눈
동자를 그려넣으십시오. 정말 용이 날아가는지 보게요. 하하하."

사람들의 반응에 화가 난 장승요는 붓을 들고 용 한 마리에 눈
동자를 그려넣었습니다.

바로 그 순간 천지가 진동하는 듯한 천둥소리가 나고 번개가 내리쳐 벽이 부서지더니 용이 구름을 타고 하늘로 올라가버렸습니다.

이 광경을 보고 깜짝 놀란 사람들이 벽을 살펴보니, 눈동자를 그리지 않은 용들만 그대로 남아 있었습니다.

이 이야기에서 유래된 화룡점정(畵龍點睛)은 '용 그림에 눈동자를 찍는다'라는 뜻으로, 가장 중요한 부분을 완성하거나 마지막 손질을 끝낸다는 의미로 쓰입니다.

비 슷 한 뜻 의 한 자 성 어

● **대불개안** | 大佛開眼 큰 대, 부처 불, 열 개, 눈 안
큰 불상을 만들 때 맨 나중에 눈동자를 그려넣어 부처의 영혼을 맞아들이는 의식으로, '슬기로운 눈을 뜨게 한다' 또는 최후의 완성을 의미함.

02 중원의 평화를 위해 칼을 들다

傍 곁 방   若 같을 약   無 없을 무   人 사람 인

중국 전국 시대 위(衛)나라에 형가(荊軻)라는 사람이 있었습니다. 그는 어릴 때부터 독서를 즐겼으며 검술이 뛰어났습니다. 젊어서는 여러 나라를 떠돌며 유세하는 방법을 배웠습니다.

귀국 후 위나라 왕인 원군(元君)에게 국가 운영의 방안을 제시했으나 받아들여지지 않았습니다. 실망한 형가는 자신을 알아줄 주군을 찾아 이 나라 저 나라를 떠돌다 연(燕)나라에 머물게 되었습니다.

연나라에서 13줄 현악기인 축(筑) 연주의 달인 고점리(高漸離)

와 친구가 되었습니다. 둘은 매일 같이 연나라 저잣거리에서 술을
마셨는데 그럴 때면 소나 개를 잡는 백정들이 함께했습니다.

술잔이 오가다 취한 형가는 고점리의 축 연주에 맞춰 자기가 지
은 시에 곡을 붙여 노래를 부르곤 했습니다. 그러다 감정이 복받쳐
오르면 서로 얼싸안고 통곡하기도 하고 웃기도 했습니다.

사람들은 이들의 행동을 이상한 눈으로 바라봤습니다. 그러나
형가와 고점리는 마치 주변에 아무도 없는 것처럼 행동했습니다.

여기서 유래한 방약무인(傍若無人)이라는 말은 원래 주변의 시
선을 의식하지 않고 자유롭고 당당하게 행동하는 것을 뜻했는데,
이후 오만하게 행동한다는 의미로 변했습니다.

이처럼 형가는 자유분방한 생활을 했으나 여전히 독서를 즐기

고 현인이나 호걸, 덕망 있는 자들과 친분을 쌓았습니다. 그가 평범한 인물이 아님을 알아본 연나라의 현자 전광(田光)도 그중 한 명이었습니다.

기원전 233년, 연나라의 태자 단(丹)이 볼모로 잡혀 있던 진(秦)나라에서 돌아왔습니다. 어린 시절 친구였던 진시황이 연나라와 자신을 멸시하며 제대로 예우해주지 않자, 분을 품고 고국으로 도망쳐 왔던 것입니다.

더구나 당시는 진나라가 정복전쟁을 벌이고 있어 연나라에 큰 위협이 되던 때였습니다. 단은 자객을 보내 진시황 암살 계획을 세우고, 자신의 스승이 참모로 추천한 전광을 찾아가 의논했습니다.

그러나 전광은 자신이 노쇠하여 국사를 의논하는 데 응할 수 없으니, 형가에게 부탁하면 쓸모가 있을 것이라고 말했습니다. 태자 단이 돌아가면서 전광에게 당부했습니다.

"이 일은 국가의 대사이니 부디 아무에게도 발설하지 말고 진행해주십시오."

전광은 형가를 찾아가 단의 계획을 모두 들려준 후 이렇게 말했습니다.

"태자가 내게 이 일을 누구에게도 발설하지 말아달라 부탁했었네. 자고로 덕과 절개가 있는 사람은 남에게 의심을 사면 안 된다고 했는데, 태자가 그런 당부를 한 것은 나를 의심하기 때문이네. 그러니 태자를 만나면 이렇게 전해주게나. '전광은 이미 죽었다'고."

그러고는 스스로 목숨을 끊었습니다.

이후 형가를 만난 태자 단은 그를 형경(荊卿)으로 높여 부르고 극진히 대접했습니다. 형가는 단의 정성을 보고 그의 요청에 따르기로 했습니다.

당시 진시황을 직접 만나기란 하늘의 별 따기처럼 어려운 일이었습니다. 그래서 형가는 진시황에게 다가가기 위해 필요한 몇 가지를 태자에게 요청했습니다.

첫째는 독항(督亢) 일대의 지도였습니다. 연나라의 최대 곡창지대인 독항은 일찍부터 진나라가 탐내던 땅이었습니다. 이곳의 지도를 바치는 것은 연나라가 진나라에 굴복한다는 의미였습니다.

둘째는 번오기(樊於期)의 목이었습니다. 번오기는 진나라의 강직한 장수였습니다. 어느 날, 그는 진시황과 사사로운 언쟁을 벌이다 진시황의 노여움을 사 도망치는 신세가 되었습니다. 진시황은 번오기의 가족과 집안사람 모두를 처형했고, 번오기는 이에 원한을 품고 먼 연나라까지 와서 태자 단에게 몸을 맡기고 있었습니다. 이렇듯 진시황이 현상금을 내걸고 번오기를 찾는 상황이었기에 번오기의 목은 진시황이 크게 기뻐할 선물이었습니다.

형가의 요청을 받은 태자 단은 독항의 지도는 줄 수 있어도 자신을 믿고 망명해온 장수 번오기의 목을 내주기는 힘들다고 했습니다. 그러자 형가가 혼자 번오기를 찾아가 말했습니다.

"진나라가 장군을 대하는 게 너무 심합니다. 장군의 부모님과 일족이 모두 죽임을 당한 데다, 진나라 왕은 금 천 근과 식읍(食邑, 왕족이나 대신에게 특별 보상으로 주는 토지) 만 호를 걸고 장군을 잡으려 하고 있지 않습니까. 앞으로 어떻게 하시려고 합니까?"

그러자 번오기가 크게 탄식하며 눈물을 흘렸습니다.

"원한이 뼈에 사무치지만 계책이 떠오르지 않습니다."

이때 형가가 말했습니다.

"만약 장군의 머리를 진나라 왕에게 바치면 기뻐하면서 저를 만나줄 것입니다. 그때 제가 왼손으로는 그의 소매를, 오른손으로는 칼을 쥐고 그의 심장을 찌를 것입니다. 그러면 장군은 원수를 갚고, 연나라도 굴욕을 갚을 수 있을 것입니다."

이 말을 들은 번오기는 주저하지 않고 그 자리에서 스스로 목을 찔러 죽었고 형가는 번오기의 목을 상자에 담았습니다.

이에 태자 단은 강철도 진흙 자르듯 한다는 비수 상절(霜切)을 비싼 값에 구입한 후 이 비수에 독약을 바르고 시험해보았습니다. 과연 살짝만 스쳐도 그 자리에서 죽지 않는 사람이 없었습니다.

태자는 형가에게 상절을 건네며 진무양(秦舞陽)이라는 젊은 장수를 수행원으로 추천했습니다. 그러나 형가는 진무양을 만나보고 나서 그가 큰일을 해낼 만한 사람이 아니라고 판단했습니다. 이에 자신의 친구이자 뛰어난 검객 노구천(魯句踐)과 함께 가려고 했지만 노구천은 갑자기 쏟아진 비에 강물이 범람하여 기한 내에 도착하지 못했습니다.

형가는 하는 수 없이 진무양을 데리고 진나라로 떠났습니다.

형가가 떠나는 날, 태자를 비롯한 연나라 사람들이 모두 흰옷을 입고 국경 지역을 흐르는 역수(易水)강까지 따라와 그를 배웅했습니다. 길의 신에게 제사를 지낸 후 고점리가 축을 타고, 형가는 비장한 어조로 이렇게 노래했습니다.

바람 소리 쓸쓸하고 역수 물은 차구나.　　風蕭蕭兮易水寒
장사 한번 떠나가면 돌아오지 못하리라.　　壯士一去兮不復還

마침내 진나라에 도착한 형가는 천 금의 예물을 진시황이 가장 신임하는 장수 몽가(蒙嘉)에게 주며 도움을 요청했습니다. 몽가는 형가를 위해 먼저 진시황에게 말했습니다.

"연나라 왕이 대왕의 위엄을 두려워하며 감히 군사를 일으켜 대항할 생각을 하지 못하고 신하가 되기를 청하고 있습니다. 이에

사신을 보내 번오기의 머리와 독항 땅의 지도를 함께 바치고 싶어
합니다.”

진시황이 이를 듣고 매우 기뻐하며 외교상 최고의 대우인 구빈
(九賓)의 예를 베풀며 맞이했습니다.

형가는 번오기의 머리가 든 상자를, 진무양은 지도가 든 상자를
받들고 차례로 진시황에게 나아갔습니다. 그런데 옥좌로 오르는
계단 앞에 이르자 진무양은 극도의 긴장과 불안으로 새파랗게 질
려 벌벌 떨었습니다. 진시황이 이를 보고 수상쩍게 여기자 형가가
태연하게 웃으며 말했습니다.

“이 사람은 북쪽 오랑캐 땅의 천한 촌놈이라 지엄하신 천자를
직접 뵙는 것이 두려워 떠는 것입니다. 황제께서는 너그러이 이해
해주시고 사신의 임무를 마칠 수 있게 해주십시오.”

진시황이 형가에게 말했습니다.

“저 자가 가지고 있는 지도를 그대가 가져오시오.”

진시황이 형가가 바친 지도를 펼치자 형가가 미리 숨겨둔 예리
한 비수가 나왔습니다. 순간 형가는 왼손으로 진시황의 소매를 잡
고 오른손으로 비수를 쥐고 진시황을 찔렀습니다. 그런데 비수가
몸에 닿기도 전에 진시황이 황급히 몸을 일으키는 바람에 소매만
잘렸습니다.

진시황이 칼을 뽑으려고 했으나 마음만 급할 뿐 뽑지 못했습니

다. 그가 차고 있던 칼은 1미터나 되는 장검이었기 때문입니다.

형가가 도망가는 진시황을 쫓는 긴급한 상황을 보고도 군신들은 어찌할 바를 몰랐습니다. 당시 진나라의 법에 따르면 왕을 모시는 신하들은 어떤 무기도 지닐 수 없었고 병사들도 왕명이 아니면 단 위로 올라갈 수 없었기 때문입니다.

그때 한 시녀가 외쳤습니다.

"칼을 등에 지고 빼십시오!"

진시황은 그 말대로 칼을 뽑아 형가를 쳤습니다. 결국 형가는 뜻을 이루지 못하고 죽임을 당하고 말았습니다.

크게 분노한 진시황은 기원전 227년, 연나라에 대군을 파견하여 10개월 만에 연나라의 수도 계성(薊城)을 함락했습니다. 이에 연나라 왕은 태자 단의 목을 베어 진나라에 바쳤지만, 진나라는 다시 군대를 보내 연나라를 공격했습니다.

5년 뒤인 기원전 222년, 진나라는 마침내 연나라를 멸망시키고 이듬해에 천하를 통일했습니다. 이와 함께 태자 단을 비롯해 형가와 관계있는 자들을 모두 잡아들이라고 명령을 내렸습니다. 이때 형가의 친구 고점리도 도망가 성과 이름을 바꾸고 송자현(宋子縣)에 숨어 살았습니다.

천하통일을 이룬 진시황이 어느 날, 지방을 순행하다가 송자현에 뛰어난 축 연주자가 있다는 소문을 듣고 그를 불러오라고 명했습니다. 황제 앞에 불려간 고점리는 형가의 복수를 위해 진시황제을 암살하려다 자신의 정체를 들키고 말았습니다. 진시황은 그를 죽이는 대신 그의 눈을 멀게 하고 궁중악사로 축을 연주하도록 했습니다.

이에 고점리는 축 속에 납을 녹여 넣어 흉기를 만들고 진시황을 죽일 기회를 기다렸습니다. 진시황 곁에서 연주하는 날, 고점리는 소리로 진시황의 위치를 짐작하고 축을 휘둘렀습니다. 축은 야구 방망이처럼 길쭉하게 생겨 자루를 잡고 휘두르면 사람을 칠 수 있는 무기가 되었습니다. 하지만 축은 빗나갔고 고점리는 그 자리에

비슷한 뜻의 한자성어

- **안하무인 眼下無人** | 눈 안, 아래 하, 없을 무, 사람 인
  눈 아래에 사람이 없다는 뜻으로, 방자하고 교만하여 남을 업신여김을 이르는 말.

- **오만불손 傲慢不遜** | 거만할 오, 거만할 만, 아닐 불, 겸손할 손
  잘난 체하고 방자하여 제멋대로 굴거나 남 앞에 겸손하지 않음을 뜻함.

서 처형당하고 말았습니다.

형가와 고점리가 진시황을 암살하려던 이야기는 사마천의《사기(史記)》〈자객열전〉에 자세히 기록되어 있습니다.

형가와 고점리의 거사는 진나라의 침략을 저지하고 평화를 지키기 위한 의로운 행동이었다고 대대로 칭송되었습니다.

03 기다림의
미학

大 큰 대   器 그릇 기   晚 늦을 만   成 이룰 성

위(魏)·촉(蜀)·오(吳) 세 나라가 서로 천하를 차지하려고 경쟁하던 중국 삼국 시대에 있었던 일입니다.

위나라에 조조(曹操)가 발탁한 최염(崔琰)이라는 장수가 있었습니다. 그는 목소리가 화통하고 위엄 넘치는 풍채에 공명정대하고 충직한 성품, 그리고 뛰어난 판단력과 명석한 두뇌를 지니고 있었습니다. 항상 반듯하게 처신하고 바른말만 했기 때문에 조정 대신들은 그를 우러러보았고 조조도 그를 존경했습니다.

한번은 위나라에 흉노족의 사신이 찾아왔습니다. 이때 조조는 자신의 용모가 흉노족의 사신을 압도할 만큼 위엄이 없다고 여기고 최염을 왕좌에 대신 앉혀 왕의 일을 대행하게 했을 정도였습 니다.

최염에겐 최림(崔林)이라는 사촌동생이 있었습니다. 그는 외모 가 볼품없고 출세도 하지 못해 일가친척들로부터 늘 최염과 비교 당했습니다. 하지만 최염은 최림의 비범함을 알고 있었습니다.

최림이 어릴 때부터 글공부를 열심히 했을 뿐 아니라 사물에 대 한 관찰과 연구를 게을리하지 않는 모습을 보아왔기 때문입니다.

하루는 최염이 최림에게 말했습니다.

"큰 종이나 큰 솥은 쉽고 빠르게 만들지 못한다. 그처럼 큰 인물 도 성공하기까지는 오랜 시간이 걸리는 법이다. 너도 늦게 만들어 지는 큰 그릇[大器晩成]이다. 지금처럼 어떤 상황에서도 굴하지 않

고 열심히 노력한다면 너는 분명히 큰 인물이 될 것이다."

최염의 말대로 최림은 꾸준히 노력하여 위나라 조정에서 황제를 보필하는 삼공(三公)의 자리까지 올랐습니다.

오랜 노력 끝에 뒤늦게 성공을 이룬 사람을 흔히 '대기만성(大器晩成)형 인물'이라고 부릅니다. 원래 대기만성이라는 말은 노자(老子)의《도덕경(道德經)》41장에 나옵니다. 노자는 특유의 반어적, 역설적 표현으로 다음과 기록했습니다.

예로부터 전해오는 말이 있는데,

밝은 도는 어두운 것 같고 나아가는 도는 물러나는 것 같으며

평평한 도는 어그러진 것 같고 높은 덕은 골짜기 같으며

크게 깨끗함은 더러운 것 같고 넓은 덕은 부족한 것 같으며

당당한 덕은 구차한 것 같고 바탕이 참되면 변질하는 것 같다.

천하 사방은 모서리가 없고 천지 자연의 큰 그릇은 만들 수 없고

큰 음은 소리가 나지 않으며 큰 형상은 모양이 없다.

故建言有之

明道若昧 進道若退

夷道若纇 上德若谷

大白若辱 廣德若不足

建德若偸 質眞若渝

大方無隅 大器晚成

大音希聲 大象無形

무위자연(無爲自然)을 주장한 도가(道家)의 사상가 노자가 말한 대기만성, 즉 큰 그릇은 늦게 만들어진다는 말의 원래 의미는 '진정한 큰 그릇은 원래 인위적으로 만들 수 없다'는 것입니다.

노자의 이 말은 이렇게 해석할 수 있습니다.

'아주 큰 네모는 모서리가 보이지 않고 아주 큰 그릇은 만들 수 없으며, 아주 큰 소리는 들을 수 없고, 아주 큰 형상은 형태가 없는 것이다. 이처럼 참된 도(道)는 너무 커서 그 정체를 알지 못하기 때문에 참된 도인 것이다.'

노자가 언급한 '대기만성(大器晚成)'은 오늘날 늦게 성공한 인물을 비유하는 뜻으로 변화되었습니다.

비슷한 뜻의 한자성어

● 대재만성 大才晚成 | 큰 대, 재주 재, 늦을 만, 이룰 성
큰 재능을 가진 사람은 늦게 이루어진다, 또는 장래에 크게 될 사람은 늦게 빛을 본다는 뜻.

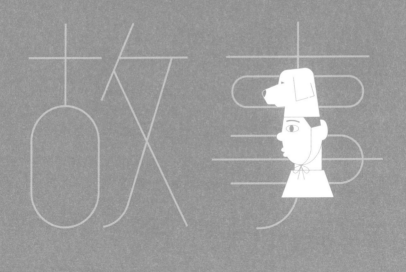

故事

2장　　　고대 판타지
　　　　　이야기

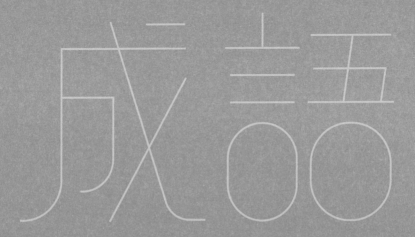

成語

낙원에 피는 복숭아꽃

武 陵 桃 源
무 릉 도 원

武 굳셀 무　陵 큰언덕 릉(능)　桃 복숭아 도　源 근원 원

중국 동진(東晉) 효무제(孝武帝) 때, 무릉(武陵) 지방에 한 어부가 살았습니다.

어느 날, 어부는 고기를 잡으러 배를 타고 계곡을 따라가다가 복숭아 꽃잎이 떠내려오는 것을 보았습니다. 복숭아 꽃잎의 근원지를 찾으러 물길을 거슬러가다 그만 길을 잃어버리고 말았습니다.

얼마나 멀리 왔는지 생각해볼 겨를도 없이 갑자기 눈앞에 복숭아꽃이 만발한 숲이 나타났습니다. 양쪽 강기슭 사이가 온통 복숭아나무 천지였습니다. 싱싱하고 아름답게 자란 풀들은 저마다 향기를 내뿜고, 수많은 분홍빛 복숭아 꽃잎들이 바람에 나부끼며 떨어지는 장관이 펼쳐지고 있었습니다.

  어부는 너무나 신비롭고 아름다운 풍경에 취해 한참 넋을 잃고 바라보았습니다. 그는 복숭아나무 숲을 자세히 알아보려고 다시 조금 더 나아갔습니다. 물길이 시작되는 곳에 자그마한 산 하나가 있었습니다. 거기에는 작은 동굴이 있었는데 그 속에 흐릿한 빛이 새어나왔습니다. 어부는 즉시 배를 버려두고 빛을 따라 동굴 속으로 들어갔습니다.

  동굴 입구가 무척 좁아서 허리를 굽혀야 겨우 지나갈 수 있었습니다. 다시 수십 걸음을 더 나가자 갑자기 확 트인 넓은 마을이 나타났습니다. 안으로 들어가보니 자그마한 집들이 한 폭의 그림처럼 펼쳐져 있었습니다. 기름진 밭에는 곡식이 풍성하게 자라고 아름다운 연못에는 물고기들이 노닐며 산에는 뽕나무와 시원한 대나무 숲이 우거져 있었습니다. 잘 닦인 길과 멋진 집들이 보였고 닭 우는 소리와 개 짖는 소리가 번갈아 들렸습니다.

  이 마을에서 농사를 지으며 사는 남녀의 옷차림은 바깥세상 사람들과 다를 게 없었습니다. 노인에서부터 어린아이에 이르기까지 다들 기뻐하고 즐거워하며 사는 평화로운 곳이었습니다.

마을 사람들이 어부를 발견하고는 크게 놀라며 어디서 왔는지 물었습니다. 어부가 자세히 대답하자 그들은 어부를 집으로 데리고 가더니 술을 내오고 닭을 잡아 대접했습니다.

집주인이 말했습니다.

"우리 선조가 진(秦)나라 때 폭정과 전쟁을 피해 아내와 자식들, 마을 사람들을 이끌고 이 절경으로 들어와 다시는 나가지 않았습니다. 결국 바깥세상과 단절된 채 살았던 것이지요."

마을 사람들이 어부에게 물었습니다.

"지금 바깥세상은 무슨 시대입니까?"

어부가 대답했습니다.

"진나라는 오래가지 못해 망하고 한(漢)나라가 들어섰지요. 그 후 삼국 시대와 위(魏)나라를 거치며 세상이 많이 바뀌었습니다."

어부가 진나라 이후의 역사를 상세하게 설명해주자 모두들 감탄하고 놀라워했습니다.

다른 사람들도 어부를 자기 집으로 초대해 술과 음식을 대접했습니다. 어부는 융숭한 대접을 받으며 며칠을 묵은 뒤 그들과 작별하고 마을을 떠났습니다.

마을 사람들이 어부에게 간곡히 부탁했습니다.

"제발 바깥세상 사람들에게 이곳이 있다는 사실을 말하지 말아주십시오."

　하지만 어부는 마을을 벗어나와 배를 찾아 타고 돌아오는 길에 여러 군데 표시를 해두었습니다. 고을에 도착하자마자 곧바로 태수를 찾아가 자신이 보고 들은 것을 사실 그대로 보고했습니다.

　태수는 즉시 어부에게 관리들을 딸려보내 복숭아나무 숲과 동굴 속 마을을 수색하라고 명령했습니다. 그러나 그들은 가는 도중에 길을 잃었고 결국 들어가는 길을 끝내 찾지 못했습니다.

　남양(南陽)의 유자기(劉子驥)라는 사람은 고결한 선비였습니다. 그 소문을 듣고 마음이 기뻐서 찾아가보려고 계획했으나 실행에 옮기지 못하고 병들어 죽었습니다. 그 후로는 그 뱃길에 대해 묻는 사람조차 없었습니다.

무릉(武陵) 지방 어부가 발견한 복숭아[桃] 숲과 물길의 근원
[源]이 되는 산속 동굴 마을 이야기에서 무릉도원(武陵桃源)이라
는 말이 나왔습니다. 세상과 동떨어진 별천지나 지상낙원, 이상향
을 가리키는 말로 쓰이고 있습니다.

비 슷 한 뜻 의 한 자 성 어

● **별천지** 別天地 | 나눌 별, 하늘 천, 땅 지
특별히 경치가 좋거나 분위기가 좋은 곳을 말함. 다음은 별
천지의 유래가 된 당나라 시인 이백의 시다.

왜 푸른 산중에 사느냐고 묻길래
웃으며 대답하지 않았지만 마음 절로 한가롭네.
복숭아꽃 물 따라 아득히 흘러가니
별천지요 인간 세상이 아닐세.
問余何事棲碧山
笑而不答心自閑
桃花流水杳然去
別有天地非人間
―이백(李白)〈산중문답(山中問答)〉

05 부귀영화는
한여름 밤의 꿈일 뿐

南 柯 一 夢
남 가 일 몽

南 남녘 남　柯 나뭇가지 가　一 하나 일　夢 꿈 몽

중국 당(唐)나라 덕종(德宗) 때 양자강 남쪽 양주(陽州) 땅에 순우
분(淳于棼)이라는 사람이 살았습니다. 본래 뛰어난 무관이었으나
술에 취해 죄를 짓고 파면된 신세가 되었습니다.

그의 집 남쪽에는 나무 둘레가 몇 아름이나 되는 커다란 늙은
회화나무 한 그루가 넓은 그늘을 드리우고 있었습니다. 키가 30미
터 가까이 자라는 회화나무를 집안에 심으면 가문이 번창하고 큰
인물이 난다는 속설이 있습니다.

순우분은 파면된 후 여름날이면 그 나무 아래서 사람들과 술을

마시며 방탕한 생활을 했습니다.

어느 날, 순우분은 술을 지나치게 많이 마셔 탈이 났습니다. 두 친구가 그를 부축해 처마 아래에 눕히며 말했습니다.

"여기서 좀 자고 있게나. 우리는 자네가 회복되면 가겠네."

순우분은 술기운에 곧 잠이 들었습니다.

잠시 후 자주색 관복을 입은 두 사람이 나타나 절을 하며 말했습니다.

"저희는 괴안국(槐安國)에서 온 사신인데 왕의 명으로 대인을 모시러 왔습니다."

괴안국은 '회화나무 아래에서 편안하게 사는 나라'라는 뜻으로, 괴는 회화나무 또는 느티나무를 가리킵니다.

순우분은 문앞에 대기 중인 말 네 필이 끄는 푸른색 수레를 타고 회화나무 아래쪽 구멍 속으로 들어갔습니다. 가는 길 주변의 광경은 신비롭기 그지없었습니다. 한참을 가니 크고 화려한 도성이 나타났습니다. 성문에는 황금으로 새겨진 '대괴안국(大槐安國)'이라는 현판이 있었고 성 안에는 사람들과 말이 셀 수 없이 많았습니다.

예복을 갖추고 궁의 붉은 문 안으로 들어서자 수많은 신하가 좌우로 길게 늘어서 그를 마중했습니다. 괴안국 왕은 성대한 잔치를 베풀며 순우분을 환대했습니다. 그러고는 이렇게 말했습니다.

"그대를 나의 귀한 둘째딸 요방(瑤芳)과 혼인시키려 하오."

순우분은 공주와 결혼하여 왕의 사위인 부마(駙馬)가 되었고 남가군(南柯郡)이라는 지역의 태수로 임명되었습니다. 남가는 남쪽 나뭇가지라는 뜻입니다.

순우분은 20년간 그곳에 살면서 5남 2녀를 얻었고 남가군을 잘 다스려 백성의 칭송을 받으며 부귀영화(富貴榮華)를 누렸습니다. 다섯 아들은 다 높은 벼슬에 오르고 두 딸은 왕가에 시집갔습니다.

태평성대(太平聖代)를 누리던 괴안국에 단라국(檀羅國)이 쳐들어오자 왕은 순우분을 보내 막게 했습니다. 단라국은 '박달나무가 늘어서 있는 나라'라는 뜻입니다. 박달나무는 도끼로 찍으면 도끼날이 부러진다는 말이 있을 정도로 단단하고 조직이 치밀합니다. 박달나무도 회화나무처럼 키가 30미터 가까이 자랍니다.

순우분은 그의 오랜 술친구였던 주변(周弁)을 만나 그에게 군사 3만을 주며 적을 물리치게 했습니다. 하지만 주변이 박달나무처럼 단단한 단라국 군대를 얕잡아보고 함부로 덤비다 크게 패했습니다. 주변은 얼마 후 등창을 앓다가 죽었습니다. 순우분은 아내까지 병들어 죽는 불행이 겹치자, 태수 자리에서 물러나 수도로 돌아왔습니다.

하지만 그동안 쌓은 인맥과 명성 때문에 그를 찾아오는 이가 많았습니다. 그것을 본 왕은 그가 역모를 꾸미지나 않을까 의심하기 시작했습니다. 어떤 이가 나라의 앞날을 예언하는 글을 왕에게 올렸습니다.

"나라에 장차 큰 재앙이 일어나 수도를 옮기게 될 것입니다."

백성들은 나라에 좋지 못한 일이 일어나는 것은 순우분 때문이라고 비난하기 시작했습니다.

왕은 순우분에게 원래 고향인 속세에 다녀오라며 3년 후에 다시 부르겠다고 했습니다. 결국 순우분은 들어왔던 구멍으로 도로 나와서 다시 고향집으로 돌아오게 되었습니다.

자신의 집 처마 밑으로 돌아온 순우분은 자신의 몸이 바닥에 누워 있는 것을 보고 놀라 어리둥절해했습니다.

배웅하러 온 관원이 큰 소리로 그의 이름을 부르자 그 소리에 눈을 번쩍 뜨고 잠에서 깨어났습니다. 순간 이 모든 게 처음 처마 밑에서 잠들었던 자신이 꾼 꿈이었음을 깨달았습니다.

너무나 생생한 기억에 회화나무 아래의 구멍을 찾아 나무를 베고 안쪽을 살펴보았습니다. 구멍 안에 커다란 개미굴이 드러났는데 그곳에는 수많은 개미가 바글거리고 있었고, 그 가운데 흰 날개에 붉은 머리를 하고 크기가 두 치나 되는 큰 개미가 있었습니다. 그 개미굴은 괴안국이었고 큰 개미는 괴안국의 왕이었습니다.

별도로 뚫린 구멍 하나가 남쪽 가지로 이어져 있었는데 그게 바로 자신이 다스렸던 남가군이었습니다. 날이 어두워지자 그는 그곳을 보존하고 싶은 마음에 베어낸 곳을 원래대로 막고 덮어두었습니다.

그런데 간밤에 강한 비바람이 몰아쳤습니다. 다음날 아침에 나가 살펴보니 개미집이 비에 쓸려 온데간데없이 사라져버렸습니다. 나라에 큰 재앙이 일어나 수도를 옮길 것이라는 예언이 맞아떨어진 것입니다. 게다가 술친구 주변이 궁금해 알아보니 그가 갑자기 병들어 죽었다는 소식을 듣게 되었습니다.

순우분은 인생이라는 것이 한낱 꿈처럼 부질없고 덧없다는 것을 느꼈습니다. 그 후 그는 술과 여색을 끊고 도를 닦는 데 전념하며 살다가 3년 후에 생을 마감했다고 합니다. 바로 괴안국의 임금이 다시 부르겠다고 약속했던 기한이었습니다.

이는 8세기 당나라의 소설가 이공좌(李公佐)가 쓴《남가태수전(南柯太守傳)》에 나오는 이야기입니다.

남가일몽(南柯一夢)은 '남쪽 나뭇가지의 한 꿈'이란 뜻으로 인생의 덧없음을 비유할 때 쓰입니다.

비슷한 뜻의 한자성어

● 일장춘몽 一場春夢 | 한 일, 마당 장, 봄 춘, 꿈 몽
'한바탕의 봄꿈'이라는 뜻으로, 헛된 영화나 덧없는 일을 이르는 말.

06 큰 어리석음이
참 지혜로움이다

愚 公 移 山
우 공 이 산

愚 어리석을 우　公 공변될 공　移 옮길 이　山 뫼 산

《열자(列子)》는 도가의 주요 경전으로 전국 시대 열어구(列禦寇)가 지었습니다. 이 책에는 우화와 흥미진진한 이야기가 많이 실려 있습니다. 다음 이야기는 《열자》 〈탕문편(湯問篇)〉에 나옵니다.

　중국 북서부 감숙성의 북산(北山)에 90세 된 우공(愚公)이라는 노인이 살고 있었습니다. 우공은 '어리석은 어르신'이란 뜻입니다. 우공은 구십 평생을 자신의 집을 사이에 두고 마주보고 있는 태행산(太行山)과 왕옥산(王屋山)에 가로막힌 채 살았습니다. 이 두

산은 둘레가 700리, 높이가 만 길이나 되어 당시 북산 지역에 사는 사람들은 길을 가려면 멀리 돌아가야 했습니다.

어느 날, 우공이 가족들을 모아놓고 말했습니다.

"우리가 그동안 태행산과 왕옥산 두 산 때문에 얼마나 불편하게 살아왔느냐. 나는 이제부터 저 두 산을 깎아 평평하게 만들려고 한다. 그렇게 되면 예주(豫州)의 남쪽으로 직통 길이 생기고 한수(漢水)의 남쪽까지 갈 수 있을 것이다. 다들 같이 힘을 합해보는 것이 어떠냐?"

가족들은 모두 그렇게 하겠다고 대답했으나 그의 아내만은 그 의견에 반대했습니다.

"아흔 넘은 나이에 제정신이에요? 지금 기력으로는 저기 작은 괴부산(魁父山)의 언덕 하나 없애지 못해요. 그런데 태행산과 왕옥산을 허물겠다니요? 또 그렇게 한다 쳐도 그 많은 흙과 돌은 다 어떻게 처리하려고요?"

그러자 가족들이 입을 모아 말했습니다.

"발해의 끝에 가면 알려지지 않은 땅이 있어요. 그 북쪽에 갖다 버리면 됩니다."

마침내 우공은 아들과 손자와 짐을 지는 사람 세 남자를 데리고 일을 시작했습니다. 돌을 두드려 깨고 흙을 파서 키와 삼태기에 담아 발해에 버리고 돌아오면 계절이 한 번 바뀌었습니다.

  이웃에 사는 과부에게 이제 막 이를 갈기 시작하는 어린 아들
이 있었습니다. 그 아이도 뛰어와서 일을 거들었습니다.

  이를 지켜보던 하곡(河曲)에 사는 지수(智叟)라는 사람이 비웃
으며 말했습니다. 지수는 '지혜로운 노인'이라는 뜻입니다.

  "자네는 어찌 그리도 어리석은가. 그 나이에 무슨 힘이 남아 있
다고 이 거대한 산을 깎는단 말인가. 그 많은 돌과 흙은 또 언제 져
나르려고 그러나. 괜히 식구들 고생만 시키는 꼴이니 이제 그만두
시게."

  우공이 길게 한숨을 내쉬며 대답했습니다.

  "자네의 그 틀에 박힌 사고방식을 이해할 수가 없네. 식견이 어

째 과부의 저 어린아이만도 못한가. 생각해보게. 비록 내가 죽어도 내 아들이 있지 않은가. 아들은 또 손자를 낳고, 손자도 또 자식이 생기지 않겠나. 내 자손들은 자자손손 대를 이어 불어나겠지만 산은 더 이상 불어나는 일이 없을 것이니, 언젠가는 평평해질 것 아닌가?"

이에 하곡의 지수는 대답할 말이 없었습니다.

두 산의 뱀을 부리는 산신(山神)이 이 말을 듣고 화들짝 놀랐습니다. 자신의 영토가 사라질 것을 두려워한 산신은 이 사실을 옥황상제에게 보고했습니다.

옥황상제는 우공의 정성에 감동받아 과아씨(夸蛾氏)의 두 아들을 불렀습니다. 과아씨는 중국의 헤라클레스라 불리는 괴력을 가진 신입니다. 과아씨의 두 아들은 옥황상제의 명을 받고 산을 하나씩 등에 업었습니다. 한 아들은 삭방(朔方)의 동쪽, 또 다른 아들은 옹주(雍州)의 남쪽으로 산을 옮겼습니다.

그 결과, 기주 남쪽에서 한수 북쪽에 이르기까지 작은 언덕조차 사라지게 되었습니다. 불가능할 것 같던 우공의 염원이 이뤄진 것입니다.

아무리 크고 위대한 일이라고 해도 시작이 있어야 하고, 일단 시작했으면 끝까지 포기하지 않아야 이룰 수 있습니다. 모든 위대함의 시작은 작은 첫걸음부터입니다.

우공이산(愚公移山)은 오랜 시간이 걸리더라도 꾸준히 노력해 나간다면 결국엔 뜻을 이룰 수 있다는 의미로 쓰입니다.

비슷한 뜻의 한자성어

- **마부위침** 磨斧爲針 | 갈 마, 도끼 부, 할 위, 바늘 침
  '도끼를 갈아 바늘을 만든다'는 뜻으로, 아무리 어려운 일이라도 끊임없이 노력하면 반드시 이룰 수 있다는 말.

- **산류천석** 山溜穿石 | 뫼 산, 낙숫물 류(유), 뚫을 천, 돌 석
  '산의 낙숫물이 바위를 뚫는다'는 뜻으로, 작은 것이라도 모이고 쌓이면 큰 것이 됨을 이르는 말.

- **적토성산** 積土成山 | 쌓을 적, 흙 토, 이룰 성, 뫼 산
  '흙을 쌓아 산을 이룬다'는 뜻으로 작거나 적은 것도 쌓이면 크게 되거나 많아짐을 이르는 말.

3장

오래 참고
기다림

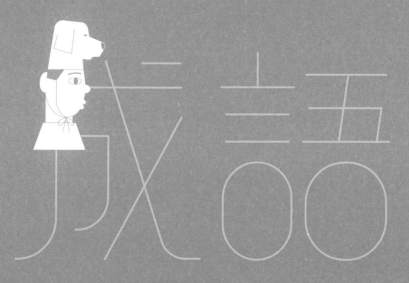

성급함이
일을 망친다

助　長
조　　　장

助 도울 조　長 늘일 장

제(齊)나라 출신 공손추(公孫丑)는 맹자의 제자들 중 만장(萬章)과
함께 가장 뛰어난 제자였습니다. 그는 공자의 제자 자로(子路)처럼
정치에 관심이 많았습니다.

어느 날, 공손추가 스승 맹자와 대화를 나누던 중 물었습니다.

"감히 여쭤봅니다. 선생님께서는 어떤 장점이 있으신지요?"

"나는 사람들의 주장과 말을 분별하는 능력을 가지고 있네. 또
한 나의 호연지기(浩然之氣)를 잘 기른다네."

공손추가 또다시 물었습니다.

"호연지기란 무엇을 가리키는 것인가요?"

맹자가 대답했습니다.

"한마디 말로 표현하기는 어렵다네. 이 기운은 아주 크고 강해서 만약 이것을 바르게 기르고 해치지 않으면 온 세상에 가득하게 될걸세. 또한 호연지기는 의(義)와 도(道)가 짝을 이루어 성장하기 때문에 만약 의와 도가 없으면 아무 힘도 쓰지 못하고 사라져버리고 만다네. 이것은 의가 계속 쌓여 내 속에서 생겨나는 것이지 밖에 있던 의가 어느 순간에 스며드는 것이 아니야. 행동에 떳떳함이 없으면 곧 사그라들고 말지. 그런데 이 호연지기를 기르려면 주의할 게 있네. 반드시 의로운 일에 힘써야 하고 그 결과를 미리 기대하지도 말며 마음에 잊지도 말고 성장을 억지로 도우려 해서도 안 된다네."

맹자는 이어 한 가지 이야기를 들려주었습니다.

"옛날 송(宋)나라에 한 농부가 있었다네. 그는 모내기를 한 이후 벼가 어느 정도 자랐는지 궁금해서 논에 나갔더니 자기가 심은 벼가 다른 집 벼보다 더디게 자라는 것처럼 보였다네. 골똘히 생각한 끝에 벼의 싹을 잡아 조금 위로 당겨보니 약간 더 자란 것 같았지. 그래서 그는 벼의 싹들을 죄다 당겨놓고 돌아왔다네. 그러고는 식구들에게 이렇게 말했지.

'아이고, 오늘은 정말 피곤하구나. 내가 벼의 싹들을 조금씩 뽑

아 빨리 자라도록 도와주고 왔거든.'

　이 말을 들은 그의 아들이 논으로 달려가보니 벼는 이미 말라 죽어 있었다네. 어처구니없게도 그 농부는 벼의 싹을 위로 당겨놓으면 더 빨리 자랄 것이라 생각했던 거지. 참으로 어리석은 사람 아닌가?"

　그러면서 맹자는 이렇게 덧붙였습니다. "그런데 세상에는 그 사람처럼 벼 싹이 자라도록 돕는 자가 많다네. 호연지기를 유익이 없다고 내버려두면 논에 김을 매지 않는 것과 같고, 조바심 내어 그것을 억지로 도와주려 하면 벼 싹을 뽑아 올리는 것과 같다네. 억지로 도와서 자라게 만드는 것은 유익이 없는 정도가 아니라 오히려 벼의 성장을 해치게 되는 것일세."

맹자에 따르면 호연지기를 억지로 조장하면 유익은커녕 해악을 끼칠 뿐입니다. 맹자와 공손추의 대화에서 나온 호연지기라는 말을 대자연 속에서 수련하며 기르는 것으로 잘못 이해하는 경우가 많습니다.

하지만 맹자의 말에 따르면 호연지기란 실천을 통해 내면에 의가 쌓여 생겨나는 생명력 넘치는 기상이라고 할 수 있습니다.

또한 조장(助長)은 글자 그대로 해석하면 '성장을 돕는다'입니다. 그러나 우리는 '바람직하지 않은 일을 부추기다'라는 부정적 의미로 많이 사용합니다. 《맹자》〈공손추 상〉에 나오는 어리석은 송나라 농부의 이야기에서 유래한 것이기 때문입니다.

비 슷 한 뜻 의 한 자 성 어

● 알묘조장 揠苗助長 | 뽑을 알, 모 묘, 도울 조, 늘일 장
'조장'의 본딧말로, 급하게 서두르다 오히려 일을 망친다는 의미의 고사성어.

08 마지막 한 글자까지

推 敲

퇴 고

推 밀 퇴　敲 두드릴 고

당나라 때의 시인 가도(賈島)는 집안이 가난하고 과거시험에도 번 번이 떨어졌습니다. 그는 자신의 처지를 비관하며 절에 들어가 중 이 되었습니다. 법명이 '근본이 없다'는 뜻의 무본(無本), 자(字)가 '유랑하는 신선'이라는 뜻의 낭선(浪仙)이었습니다. 이것만 보아도 그의 생각과 삶이 어떠했는지 드러납니다.

　그는 시를 천천히 힘들게 짓기로 유명한 시인이었습니다. 시를 지을 때면 한 구절, 한 글자 피 말리는 교정작업을 거듭했습니다. 그것에 대해 스스로 "밤에 읊조리면 새벽이 되어도 그치지 않으며, 괴로이 읊으니 귀신조차 근심해주네[夜吟曉不休 苦吟鬼神愁]"라고 쓴 적이 있습니다. 훗날 사람들이 이 시구에서 글자를 따서 그를 고음시인(苦吟詩人)이라고 불렀을 정도입니다.

어느 날, 가도는 자신의 친구이자 은둔생활을 하던 이응(李凝)을 만나러 갔다가 만나지 못하고 돌아옵니다. 그때의 심정을 다음과 같은 시로 노래했습니다.

이응이 은둔하는 거처에 부쳐	題李凝幽居
속세 떠나 사니 찾는 이 드물어	閒居少隣幷
풀길 황량한 정원으로 이어지네.	草徑入荒園
새들 못가 나무에 잠자고	鳥宿池邊樹
달빛 아래 스님 문 미는 소리 삐그덕	僧推月下門
다리 건너니 들판 빛깔 나뉘고	過橋分野色
바위 옮기는 듯 일렁이는 구름	移石動雲根
잠시 갔다가 다시 이곳 찾으리니	暫去還來此
함께 은둔하자던 언약 저버리지 말게.	幽期不負言

그는 시의 전체적인 내용은 마음에 들었으나 넷째 구에서 스님이 문을 민다[推]고 하는 게 좋을지 두드린다[敲]고 하는 게 좋을

지 고민에 빠졌습니다. 당나귀를 타고 가면서 손으로 밀었다 두드렸다 하는 동작을 반복하던 그는 너무 고민에 빠진 나머지 주변을 전혀 의식하지 못했습니다. 그러다 큰 곤경에 처하고 말았습니다.

"물럿거라!"

앞장선 군졸들이 외치는 소리에도 당나귀에서 내리지 않고 계속 손을 휘젓는 바람에 경조윤(京兆尹) 한유(韓愈)의 행차 3열과 부딪히고 말았던 것입니다. 경조윤은 당나라 수도 장안을 다스리던 대단한 벼슬이었습니다. 당시 장안은 인구가 100만 정도로 지금으로 치면 세계적인 대도시였습니다.

한낱 젊은 중에 불과한 가도가 바로 벽제법(辟除法)을 어기게 된 것입니다.

사실 그는 이런 일이 처음이 아니었습니다. 예전에도 시 창작에 몰입한 나머지 경조윤 유서초(劉棲楚)의 수레와 충돌한 적이 있었습니다. 그때 심문을 받고 심한 모욕을 당했던 터라 이번에도 그렇게 될까 하여 가도는 몹시 당황하고 겁에 질렸습니다.

군졸들이 가도를 붙잡아서 한유 앞으로 끌고 왔습니다.

가도는 한유에게 자신이 시어 선택으로 고민하느라 이렇게 된 것이라며 용서를 빌었습니다. 그 말을 들은 한유는 한참을 깊이 생각에 잠겼다가 이렇게 말했습니다.

"내 생각엔 퇴(推)보다는 고(敲)가 더 자연스럽고 나은 것 같네."

가도는 한유의 태도에 깜짝 놀랐습니다.

한유로 말하자면, 당나라와 송나라를 대표하는 8명의 대 문장

한 뼘 더 깊게

벽제 제도(벽제법)란?
왕이나 귀인 등 지위가 높은 사람이 행차할 때 맨 앞의 군졸들이 큰 소리를 질러 길을 비키게 하던 것을 벽제(辟除)라고 한다. 행차의 위엄을 과시하고 안전을 보장받기 위한 의례였다. 이때 일반 백성은 길을 비켜 허리를 굽히고 걷던 자는 멈추고 앉은 자는 서며 말 탄 자는 말에서 내려야 했다. 만약 이것을 위반하거나 거역하면 붙잡혀 문초를 당하고 옥에 갇혔다.

가, 당송팔대가(1권의 15. '금상첨화' 참조) 중 첫손에 꼽힐 정도로 당대 가장 유명한 시인이요 학자였기 때문입니다. 그런 한유가 자신의 실수에 대해 처벌은커녕 오히려 창작 정신을 칭찬하며 그의 고민에 대해 고심한 후 조언까지 해주다니 가도는 놀랄 수밖에 없었습니다.

그 후 한유는 가도와 말고삐를 나란히 하고 돌아가 그와 더불어 시에 대해 깊은 이야기를 나누었습니다. 대화를 통해 가도의 재능을 알아본 한유는 그의 처지를 안타까워하며 승려 생활을 그만두고 다시 과거에 도전하라고 권했습니다. 이 일을 계기로 이름 없는 가난한 승려 시인이었던 가도는 고관대작이자 대문호인 한유와 친구 사이가 되었습니다.

결국, 친구 이응에게 함께 은둔생활을 하자고 권하던 가도(賈島)

비 슷 한 뜻 의 한 자 성 어

● **심사숙고** 深思熟考 | 깊을 심, 생각 사, 익을 숙, 상고할 고
'깊이 생각하고 오래 고찰한다'는 말.

는 깊은 인품의 한유라는 대가를 만나 다음 날 속세로 나오게 됩니다.

　이 이야기에서 유래한 퇴고(堆鼓)는 '글을 지을 때 자구(字句)를 다듬어 고치는 것'이라는 뜻으로 쓰이게 되었습니다.

09 만족을 아는 지혜

蛇 足
사 족

蛇 뱀 사 足 발 족

전국 시대 초(楚)나라가 강성해지자 주변 나라들이 경계하고 두려워했습니다.

기원전 323년 초나라 회왕(懷王) 때 영윤(令尹) 소양(昭陽)이 위(魏)나라를 공격했습니다. 영윤은 초나라의 최고 관직으로 정치를 총괄하고 군대를 통솔하는 벼슬이었습니다.

소양은 군대를 이끌고 위나라 군대를 격파하고 장수를 죽여 8개 성을 함락하는 전과를 올렸습니다. 이 여세를 몰아 천하의 패권을 잡고자 제(齊)나라까지 공격할 계획을 세우고 있었습니다.

이 소문을 듣고 다급해진 제나라 위왕(威王)은 진진(陳軫)에게 어떻게 하면 좋을지 물었습니다. 진진은 당대 유명한 유세가로 외교 전략과 웅변의 고수였습니다. 그는 초나라 출신이지만 진나라에서 벼슬을 하면서 사신의 신분으로 제나라에 와 있었습니다.

그는 자기가 해결해보겠다며 제나라 왕의 밀사가 되어 초나라 군대를 찾아가 소양을 만났습니다.

"도대체 무슨 일로 여기까지 오셨습니까?"

전국 시대 최강국 진나라의 사신이 왔다는 말에 소양은 잔뜩 경계심을 내비쳤습니다.

진진은 소양에게 전승을 축하한다며 큰절을 올리고는 일어나 물었습니다.

"초나라의 군법(軍法)이 어떤지 궁금해서 찾아왔습니다. 만약 이렇게 적군을 격파하고 장수를 죽인 공을 세우면 어떤 상을 내리는지요?"

소양이 대답했습니다.

"관직은 최고사령관 상주국(上柱國)까지 오를 수 있고 작위도 상집규(上執珪)가 내려집니다."

진진이 더 물었습니다.

"그보다 더 높은 것은 무엇입니까?"

소양이 대답했습니다.

"오직 영윤밖에 없소."

그러자 진진이 말했습니다.

"영윤이란 아주 높고 귀한 자리군요. 이제 제가 당신을 위해 이야기를 하나 들려드리겠습니다."

진진이 소양에게 들려준 이야기는 다음과 같았습니다.

초나라에 사는 어떤 사람이 집안 제사를 마치고 하인들에게 수고했다며 술 한 병을 내려주었습니다. 하인들이 서로 의논한 후 "여럿이 나눠 마시기엔 부족하나 혼자 마시기엔 충분한 양이니, 땅에 뱀을 그려 가장 먼저 완성하는 자가 다 마시기로 하자"라고 규칙을 정했습니다.

그중 어떤 솜씨 좋은 사람이 뱀 그림을 가장 먼저 완성시키고는 술잔을 자기 앞으로 끌어당겼습니다. 그런데 쉽게 끝나버린 것이

싱거웠는지 왼손으로 술잔을 들고 오른손으로 뱀 그림에 발을 그려넣으면서 "나는 뱀의 발까지도 그릴 수 있다"라고 자랑했습니다.

그가 다리를 그리는 동안 다른 한 사람이 뱀을 다 그리고는 술잔을 뺏으며 말했습니다.

"뱀은 본래 다리가 없으니 자네 그림은 뱀이 아니네. 왜 발까지 그렸는가?"

그러더니 혼자 술을 벌컥벌컥 마셔버렸습니다. 결국 뱀의 발을 그렸던 뛰어난 그림 솜씨의 하인은 그 술을 마시지 못하고 말았습니다.

이야기를 마친 후 진진이 설명을 덧붙였습니다.

"지금 당신은 영윤의 자리에 있으면서 위나라를 공격해 큰 공을 세웠습니다. 그렇게 하고도 병력이 약해지지 않았으며 제나라를 두려워 떨게 만들고 있습니다. 이미 그것으로 충분히 명성이 드높습니다. 그런데 지금 다시 제나라를 공격하려 하는 것은 마치 뱀의 발을 그려넣어 술을 마시지 못한 하인과 비슷한 실수를 범하는 것과 같습니다. 만약 제나라에 진다면 지금까지 쌓아두었던 공적까지 송두리째 잃어버리게 될 것입니다. 그리고 또다시 큰 공을 세운다 한들 초나라에서 더 이상 높아질 관직도 없습니다.

이기지 못하는 싸움이 없으면서도 싸움을 그칠 줄 모르는 장수는 목숨도 잃고 관직도 뒷사람에게 빼앗기는 법입니다. 왜 굳이 뱀 발을 그려넣으려고 하십니까?"

소양은 그의 말을 옳게 여겨 제나라 공격 계획을 취소하고 군대를 철수했습니다.

위의 이야기에서 '뱀 그림에 발을 더하다'라는 뜻의 화사첨족(畵蛇添足), 줄여서 사족(蛇足)이라는 말이 유래했습니다. 쓸데없이 불필요한 말과 글을 덧붙인다는 의미로 쓰입니다.

비 슷 한 뜻 의 한 자 성 어

● **옥상가옥** 屋上架屋 | 집 옥, 위 상, 시렁 가, 집 옥
  지붕 위에 또 지붕을 얹는다는 뜻으로 필요 없는 일을 쓸데없이 이중으로 하는 것을 비유하는 말.

10 뜻을 이루기 위해 견디는 고통

臥 薪 嘗 膽
와 신 상 담

臥 누울 와   薪 섶나무 신   嘗 맛볼 상   膽 쓸개 담

춘추 시대의 패권을 잡았던 군주를 춘추오패(春秋五覇)라고 합니다. 마지막 네 번째와 다섯 번째 패자는 오(吳)나라 왕 합려(闔閭)와 월(越)나라 왕 구천(句踐)입니다.

중국 황화를 중심으로 형성된 문명권을 중원(中原)이라고 부릅니다. 기원전 500년경 오나라와 월나라는 중원에서 남쪽으로 멀리 떨어져 있는 나라들이었습니다. 그런 까닭에 남쪽 오랑캐란 뜻인 남만(南蠻)으로 불리며 무시당했습니다. 같은 남쪽에 자리 잡고 있던 초나라는 땅도 넓고 인구도 많은 강대국이라 그나마 오

패에 포함되었지만, 오나라와 월나라는 제후국 모임에 들지도 못했지요.

이렇듯 서로 더 나을 것도 없는 두 나라는 국경을 맞대고 있었습니다. 그래서 자주 충돌이 일어났고 서로 철천지원수처럼 지냈습니다. 원수끼리 같은 배에 탔다는 뜻의 오월동주(吳越同舟)란 말이 여기서 나올 정도였으니까요. 그런 두 나라도 춘추 시대 세 번째 패자 초 장왕이 죽고 난 후 혼란한 국제 정세를 틈타 세력을 키워나갔습니다.

오나라 왕 합려에겐 아주 뛰어난 신하들이 있었습니다. 《손자병법》을 쓴 병법의 달인 손무(孫武), 당대의 최고 전략가 오자서(伍子胥)가 대표적인 인물이었습니다.

한 뼘 더 깊게

춘추오패란?
중국 춘추 시대에 중원의 정치를 좌우했던 5대 패자(霸者)를 가리킨다. 당시 여러 제후국의 군주가 모여 맹약을 맺는 것을 회맹(會盟)이라 했는데, 회맹을 수도하는 사람을 패자(霸者)라 일컬었다. 5대 패자에는 제 환공(齊桓公), 진 문공(晉文公), 초 장왕(楚莊王), 오왕(吳王) 합려(闔閭), 월왕(越王) 구천(勾踐)이 포함된다.

이들을 앞세운 오나라는 당시 최강국이던 초나라로 쳐들어가 연전연승을 거두며 초나라의 수도까지 점령했습니다.

그러나 진나라의 참전과 월나라 왕 윤상(允常, 구천의 아버지)의 후방 지역 기습으로 후퇴해야 했습니다. 그래도 춘추오패의 하나였던 초나라를 거의 멸망시킬 뻔했으니 오나라의 기세는 하늘을 찌를 듯했습니다.

거기에 오나라를 기습했던 윤상이 죽고 구천이 즉위하자 국상 중의 혼란을 노려 합려는 월나라로 쳐들어가려고 했습니다.

오자서가 적극 만류했지만 합려는 결국 직접 대군을 거느리고 참전했습니다. 월나라는 오나라 군대의 기세에 눌려 대패하며 많은 병사가 포로로 사로잡혔습니다. 이튿날 오나라 군대가 또다시 공격해왔습니다.

당시 월나라 왕 구천에게는 범려(范蠡)라는 책사(策士, 꾀를 써서 일이 잘 이루어지도록 하는 사람)가 있었습니다. 후대 중국 사람들에게 재물의 신으로 추앙받는 범려는 중국인들이 가장 존경하는 신인 《삼국지》의 관우만큼이나 인기 있는 신입니다. 그는 병법은 물론 정치·경제·천문·지리 등 다방면에서 탁월했습니다.

오나라의 침략에 정면 승부로는 승산이 없다고 생각한 범려는 기상천외한 계책을 생각해냈습니다. 모두 사형수들로 구성된 자살부대를 싸움에 앞세우는 작전이 바로 그것이었습니다.

전쟁터에서 죽으면 전사자로 예우하고 가족들에게 보상을 해준다는 약속을 받아낸 월나라 자살부대는 오나라 군대를 가로막고 세 열로 섰습니다.

머리가 헝클어지고 남루한 옷을 입은 사형수들이 차례로 칼을 들어 몸을 찔렀습니다. 피가 낭자하게 흐르는 괴기스러운 광경을 본 오나라 군사들이 기겁하고 뒷걸음치기 시작했습니다. 오나라 군대의 대열이 삽시간에 흐트러졌습니다. 그러고는 월나라 군대에 의해 순식간에 격퇴당하고 말았습니다.

이때 합려는 황급히 오나라로 도망가다가 손가락에 화살을 맞은 것이 크게 악화되어 죽음에 이르게 됩니다. 죽기 직전 합려는 아들 부차(夫差)를 불러 이렇게 유언했습니다.

"부차야, 월왕 구천이 네 아비를 죽였다는 사실을 한시라도 잊지 마라!"

왕위에 오른 부차는 아버지의 원수를 갚기로 굳게 결심했습니다. 그는 밤마다 땔나무 더미에 누워 불편하게 잠을 자며 복수의 결의를 다졌습니다. 또 자기 방에 드나드는 신하들에게 아버지의 유언을 그대로 외치게 했습니다. 그런 한편 군대를 정비해 강력한 전력을 갖추도록 훈련시켰습니다.

이 정보를 알게 된 구천이 선제공격을 하려 하자 참모 범려가 말렸습니다.

"군대를 움직이려면 많은 준비가 필요합니다. 그리고 공격하기에 가장 적절한 시기를 기다려야 합니다. 지금은 때가 아닙니다. 오나라의 젊은 왕 부차를 절대 얕보아서는 안 됩니다."

하지만 부차를 우습게 본 구천은 고집을 부려 정예병 3만을 이끌고 기어이 전쟁을 일으키고 말았습니다. 구천이 막상 싸움에 맞닥뜨려보니 복수심에 불타는 부차의 오나라 군대는 범같이 사나웠습니다.

결국 월나라군은 참패한 후 회계산(會稽山)으로 후퇴했고 이에 오나라군은 회계산을 철통같이 포위해버렸습니다. 더 이상 승리할 가망이 없다고 느낀 구천은 스스로 목숨을 끊으려 했습니다.

이때 범려가 구천에게 말했습니다.

"아직 포기하시기는 이릅니다. 부차에게 항복하고 앞으로 신하로서 그를 섬기겠다고 약속하십시오. 그런 다음 훗날을 기약해도 늦지 않습니다."

그리고 물욕이 많은 오나라 재상 백비(伯嚭)에게 많은 뇌물을 보내놓았습니다.

이어 구천은 범려의 말에 따라 스스로 종이 되어 섬기겠다며 부차에게 항복을 청했습니다.

그러자 오자서는 부차에게 월나라를 완전히 멸망시킬 하늘이

준 기회라며 절대 받아들이지 말 것을 주장했습니다. 하지만 부차는 월나라로부터 뇌물을 받은 백비가 내놓은 반대 의견을 수용했습니다.

이후 구천은 오나라로 건너가 부차를 섬기게 되었고 범려가 그를 수행했습니다. 구천은 무덤 같은 좁고 어두운 돌집에 갇혀 살며 장작을 패고, 부차의 마부로 마구간을 청소하는 등 굴욕적인 노예생활을 했습니다.

그렇게 3년이 지날 무렵, 부차가 병이 들었다는 소식이 들렸습니다. 이때 범려가 구천에게 이렇게 조언했습니다.

"부차는 이 병으로 죽지 않을 것입니다. 당장 부차의 병간호를 자청하고, 대신들이 보는 앞에서 부차의 똥을 맛보십시오. 그리고 곧 완쾌될 것이라고 말하십시오."

중국 명·청 시대 황제가 살던 자금성은 세계 최대 규모의 궁궐입니다. 800채가 넘는 건물에 1만여 명의 사람이 살던 곳이었지만 화장실이 따로 없었습니다. 그런 이유로 황제는 이동식 변기를 사용했습니다. 배설물은 건강의 척도였기에 황제의 대변은 국가기밀로 매일 관리되었습니다.

왕의 배설물을 받아내는 일은 내시나 천한 신분의 사람들이 맡았습니다. 도저히 받아들일 수 없을 것 같은 수치스러운 요구를 구천은 그대로 따랐습니다. 이 일로 구천은 부차에게 완전한 신임

상분득신 嘗糞得信 | 맛볼 상, 똥 분, 얻을 득, 믿을 신
'똥을 맛보고 믿음을 얻다'라는 뜻으로, 부차의 신임을 얻기 위한 구천의 고생담에서 나온 말.

을 얻고 월나라로 귀국하는 것을 허락받았습니다[嘗糞得信].

귀국한 뒤 구천은 전혀 고기를 먹지 않고 거친 잡곡을 먹으며 무명옷만 입었습니다. 그리고 불편한 섶(땔감)에 누워 잠자고 짐승의 쓸개를 매달아놓고 오갈 때마다 핥았습니다[臥薪嘗膽]. 동물의 간에서 생성되는 쓸개즙을 저장하는 쓸개는 쓰디쓴 것으로 유명합니다.

구천은 쓸개를 핥을 때마다 "구천아, 회계산에서의 치욕을 잊었

느냐?"라고 외치며 복수의 칼을 갈았습니다.

범려의 각종 부국강병책을 받아들여 월나라는 점점 강성해지기 시작했습니다. 그러는 한편, 부차에게는 중국 4대 미녀로 손꼽히는 서시(西施)와 많은 목재를 바쳤습니다. 이것은 모두 오나라의 국력을 약화시키려는 범려의 계책에서 나온 것이었습니다. 부차는 이를 눈치 채지 못한 채 구천의 충성심에 매우 흡족해했습니다. 이후 부차는 여자에 빠져 나랏일을 돌보지 않고 판단력이 흐려져 대토목공사를 벌였습니다.

구천이 은밀히 군사력을 증강시키고 있다는 정보를 입수한 오자서는 부차에게 속히 조치를 취할 것을 간청했습니다. 하지만 당시 부차는 월나라에 대한 경계심이 느슨해져 있는 데다 중원으로 진출하는 것에만 신경을 쓰고 있었습니다. 장차 천하의 패권을 잡는 것이 최우선 목표였기 때문입니다.

그는 북쪽의 제나라를 공격하고자 했습니다. 이에 오자서는 후환이 될 월나라를 놔두고 제나라를 공격하는 것은 어리석은 행동이라며 반대했습니다. 오자서의 말을 무시하고 출전한 부차는 제나라와의 전투에서 크게 승리를 거두었습니다. 이후 재차 제나라를 공격하려 하자 오자서가 다시 강하게 반대했습니다.

이런 상황에서 재상 백비의 모함과 미녀 서시의 모략에 넘어간 부차는 오자서에게 자결을 명했습니다. 오자서는 목숨을 끊기 전

주변 사람들에게 이렇게 말했습니다.

"내 무덤가에 가래나무를 심어 그것으로 부차의 관을 만들고, 내 두 눈을 동쪽 관문에 걸어 월나라가 오나라를 멸망시키러 오는 것을 보게 해주시오."

회계산에서 있었던 치욕스러운 항복 이후 12년이 지난 기원전 482년 봄날, 드디어 구천은 군대를 이끌고 오나라로 쳐들어갔습니다. 그로부터 장장 7년 동안 오나라와 월나라는 전쟁을 계속했습니다.

결과는 초전의 승기를 끝까지 가져간 월나라의 최종 승리였습니다. 오나라 군대는 도읍 근처 고소성으로 후퇴했으나, 월나라 군대가 승기를 잡고 끝까지 추격해 2년 동안 고소성을 포위하고 고사 작전을 펼쳤습니다. 더 이상 견디지 못한 부차는 구천에게 전에 자신이 살려줬던 일을 들어 항복을 청했습니다.

하지만 범려의 반대로 받아들여지지 않자 결국 부차는 스스로 목숨을 끊었습니다. 그는 죽으면서 "죽어서 무슨 낯으로 오자서의 얼굴을 대하겠느냐"며 천으로 자신의 얼굴을 가려달라고 했습니다.

기원전 473년, 오나라가 멸망함으로써 월왕 구천은 무려 22년 만에 복수에 성공하고 춘추 시대 마지막 패자가 되었습니다.

이 이야기에서 와신상담(臥薪嘗膽)이라는 말이 나왔습니다. '땔나무 위에서 잠자고 쓸개를 핥는다.' 즉, 목적을 이루기 위해 어떠한 어려움도 참고 견뎌낸다는 의미로 쓰입니다.

비 슷 한   뜻 의   한 자 성 어

- 절치부심 切齒腐心 | 끊을 절, 이 치, 썩을 부, 마음 심
  몹시 분하여 이를 갈며 속을 썩임.

천년에 한 번 찾아오는 기회

千 載 一 遇

천 재 일 우

千 일천 천　載 실을 재(해)　一 하나 일　遇 만날 우

중국 동진(東晉) 시대의 역사가 원굉(袁宏)은 삼국 시대의 훌륭한 신하들을 평가한 《삼국명신서찬(三國名臣序贊)》을 썼는데, 그 첫머리에 조조의 책사 순욱(荀彧)에 대해 다루고 있습니다.

순욱은 무려 20년을 조조의 최측근에서 일하며 신임을 얻은 인물입니다. 위·촉·오 세 나라가 치열하게 다투던 삼국 시대. 세 나라의 군주들 중 개인 역량이 가장 뛰어난 인물은 위나라의 조조였습니다. 그는 군사·정치·문학 등 여러 면에서 촉나라의 유비나 오나라의 손권보다 월등했습니다. 비록 간교하고 잔인한 면이 있

원굉과 그가 남긴 《삼국명신서찬》에 대해

원굉(袁宏, 328~376)은 젊은 시절 가난했지만 문장에 뛰어났다. 집안 형편이 어려워 세곡(세로 바치는 곡식)을 배로 운반하는 짐꾼으로 일했다. 어느 가을밤, 배 위에서 역사적 사건이나 인물을 소재로 삼아 자신의 생각을 펼쳐내는 영사시(詠史詩)를 읊었다. 때마침 진서장군(鎭西將軍) 사상(謝尙)이 배를 띄우고 달구경을 하다 그 시를 듣고 감탄하여 원굉을 찾았고, 사상에게 크게 인정받은 원굉은 벼슬길에 올라 동양태수(東陽太守)까지 지냈다. 원굉은 300여 편의 시와 삼국 시대 명신(名臣)들을 평가한 《삼국명신서찬(三國名臣序贊)》을 남겼다. 그가 평가한 20명의 명신들은 위(魏)나라의 순욱·순유·원환·최염·서막·진군·하후현·왕경·진태, 촉(蜀)나라의 제갈량·방통·장완·황권, 오(吳)나라의 주유·장소·노숙·제갈근·육손·고옹·우번이다.

었지만, 사람을 부리는 능력은 탁월했습니다.

조조는 수많은 장수와 책사들을 거느렸습니다. 그의 밑에는 하후돈·조인·서황·허저 등의 명장들과 곽가·양수·가후·정욱·종요·사마의·순유 등의 책사를 비롯해 당대 최고의 인재들로 가득했습니다. 특히 조조가 가장 믿고 존중한 인물은 바로 순욱입니다.

순욱은 163년 지금의 허난성(河南省) 쉬창시에서 명문가의 후

손, 즉 대 사상가 순자(荀子)의 11대 손으로 태어났습니다. 조부 순속(荀淑)은 청류파 지식인 세력의 중심 인물이었습니다. 당시에 권력을 장악하고 국정을 혼란에 빠뜨리던 불의한 환관 세력들을 탁류(濁流)로, 여기에 항거하며 황실을 지키려던 지식인들을 청류(清流)로 불렀습니다.

189년 순욱이 첫 관직에 올랐을 때 조정은 동탁(董卓)이 장악하고 있었습니다. 당시 한나라 황실은 껍데기만 남아 있었습니다. 곳곳에 도적떼들이 들끓고, 각지의 세력가들은 자기 영지를 지키면서 세력 확장에만 몰두했습니다. 아무도 황제와 조정을 마음대로 주무르는 동탁을 막지 못했습니다.

그때 조조만은 '역적 동탁을 멸하자'라는 명분을 내걸고 활발히 움직였습니다. 순욱의 눈에는 당시 조조만이 한나라 황실을 지키고 부흥시킬 인물로 보였습니다. 청류파 집안에서 올곧은 선비정신을 길러온 순욱은 제 발로 조조를 찾아갔습니다.

조조는 순욱을 보자 "드디어 나의 장자방이 왔구나"라며 반겼습니다. 장자방은 한나라 고조 유방이 천하를 통일하는 데 결정적으로 기여한 책사 장량을 말합니다. 191년 조조는 순욱에게 군사를 관리하는 사마 직책을 내렸습니다.

순욱은 지략과 담력을 겸비한 책사였으며 고고하고 겸손한 인품을 지닌 선비였습니다. 평소 그 누구도 믿지 않는 까다롭고 예민한 성격의 조조였지만 유일하게 순욱만은 예외였습니다.

조조는 수많은 전쟁에 직접 출정해 지휘했는데 그때마다 자신의 본거지를 믿고 맡긴 단 한 사람도 바로 순욱이었습니다. 순욱은 후방에서 조조의 안방을 든든히 지키면서 군수품과 군량미를 보급했으며 조조에게 군대의 용병까지 조언했습니다.

조조는 순욱의 공을 잊지 않았습니다. 그는 순욱의 장남인 순운(荀惲)을 사위로 삼았습니다. 이처럼 조조에게 순욱은 중요한 존재였고 놓치고 싶지 않은 인재였습니다.

하지만 조조가 황실을 좌지우지할 만큼 세력이 점점 커지면서 왕이 되고자 하는 야심을 보이자, 둘의 관계가 틀어지기 시작했습니다. 순욱은 조조의 책사로 있던 20년간 한순간도 자신이 한나라의 신하라는 것을 잊지 않은 충신이었습니다. 조조는 그 점을 배신으로 여겼던 것입니다.

조조는 병을 앓고 있는 순욱에게 빈 찬합(층층이 포개진 도시락)을 보냈습니다. 텅 빈 도시락을 보낸 조조의 뜻을 알고 순욱은 스스로 목숨을 끊었습니다. 그때 그의 나이 50세였습니다.

원굉은 순욱을 찬양하며 이렇게 기록했습니다.

"말 감정의 대가 백락을 만나지 못한다면 천 년이 지나도 천리마는 한 마리도 나올 수 없다. 만 년에 한 번 기회가 온다는 것은 이 세상의 공통된 법칙이다. 천 년에 한 번 만남은 현명한 군주와

지혜로운 신하의 아름다운 만남이다. 이같은 만남이 얼마나 기쁘고 감격스럽겠는가? 하지만 이런 기회를 잃어버린다면 그만큼 분하고 슬플 것이다."

　여기서 '좀처럼 만나기 힘든 좋은 기회'란 뜻의 천재일우(千載一遇)라는 말이 나왔습니다. 현명한 군주와 뛰어난 신하의 만남이 그만큼 이뤄지기 어려운 것임을 강조한 말입니다.

비슷한 뜻의 한자성어

● **일기일회** 一期一會 | 하나 일, 기약할 기, 하나 일, 모일 회
　'일생에 단 한 번밖에 없는 기회 또는 일생에 단 한 번밖에 없는 만남'이라는 뜻.

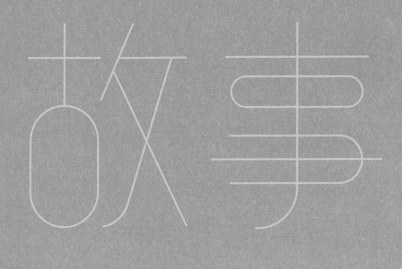

4장　　　　　공생의 길

12 세상은 하나의 몸이다

脣 亡 齒 寒
순 망 치 한

脣 입술 순   亡 망할 망   齒 이 치   寒 찰 한

기원전 650년경, 춘추 시대 말엽 진(晉)나라 헌공(獻公) 때 이야기
입니다. 무공(武公)이 왕이 된 지 2년 만에 죽자, 아들이 뒤를 이었
는데 그가 헌공이었습니다. 헌공의 아들은 춘추오패의 한 사람인
문공(文公)입니다.

 헌공은 왕의 자리에 올랐지만, 아버지 무공이 무력으로 탈취한
자리였기에 늘 불안했습니다. 무공이 죽인 제후의 자식들이 여전
히 많았기 때문입니다. 헌공은 불안 요소들을 없애고 자신의 권력
을 안정시키기 위해 그들 대부분을 죽였습니다.

이때 살아남은 자들이 주변의 괵(虢)나라로 달아났습니다. 괵나라는 이들의 원한을 갚아준다는 구실로 진나라를 공격했습니다. 화가 난 헌공은 당장에 괵나라를 치고 싶었지만 때를 기다리며 참았습니다. 그로부터 10여 년 동안 국내 정치를 안정시키고 점점 국력을 키웠습니다.

그러던 어느 날, 대부 순식(荀息)이 헌공에게 제안했습니다.

"괵나라를 치려면 우(虞)나라를 지나가야 하는데 두 나라는 비록 작지만 용맹하고 서로 결속력이 강합니다. 그래서 반드시 두 나라를 갈라놓아야 합니다."

"무슨 계책이 있는가?"

"먼저 두 나라 왕에게 각각 좋아하는 것을 주어 환심을 얻으면 됩니다. 괵나라 왕은 여자들을 좋아하고 우나라 왕은 재물에 욕심이 많습니다. 괵나라 왕에게는 미인계를 쓰고 우나라 왕에게는 뇌물을 보내십시오. 그러고 나서 우나라 왕에게 괵나라를 치러 가려고 하니 길을 빌려달라고 하면 빌려줄 것입니다. 우나라에게 길을 빌려 괵나라를 치면 두 나라는 이내 사이가 나빠지게 됩니다. 그런 후 우나라를 치면 둘 다 쉽게 성복할 수 있습니다."

헌공은 순식의 말을 따랐습니다. 먼저 뛰어난 미모의 여자들을 뽑아 노래와 춤을 가르치고 화려하게 단장시킨 후 괵나라 왕에게 바치며 화친을 청했습니다. 크게 기뻐한 괵나라 왕은 현명한 신하

주지교(舟之橋)의 반대에도 불구하고 이를 받아들였습니다. 그는 이후로 낮이나 밤이나 미녀들이 부르는 노래와 춤을 즐기며 여색에 빠져 지냈습니다. 자연히 괵나라 왕은 점점 나랏일을 게을리하고 국정에 대한 관심도 멀어졌습니다.

1차 작전이 성공하자 순식은 다음 단계로 남쪽 수비대를 시켜 괵나라와 자주 무력 충돌을 일으키게 했습니다. 그런 후 헌공에게 말했습니다.

"우나라 왕은 워낙에 탐욕스러운 사람이라 웬만한 보물이 아니면 마음에 들어하지 않을 것입니다. 그러니 우리 진나라를 대표할 2가지 보물을 가지고 가야 하는데 주군께서 허락하시지 않을 것 같아 걱정스럽습니다."

"도대체 무슨 보물이기에 그러는가?"

"우나라 왕이 가장 좋아하는 것은 구슬[璧]과 말[馬]입니다. 주군께서는 아름다운 옥의 산지로 유명한 수극산(垂棘山)에서 난 구슬과 명마의 고장 굴산(屈産)에서 난 네 말이 끄는 수레를 가지고 계시지 않습니까? 이 2가지가 있어야만 길을 빌릴 수 있을 것입니다."

헌공이 난감해하며 말했습니다.

"수극의 구슬은 선조 때부터 내려오는 국보이고 굴산의 명마들은 지금 내 수레를 끌고 있는데 어찌 그걸 내주란 말인가?"

"계획한 대로 되면 우나라도 우리가 차지하게 될 것입니다. 그때 그것들을 되찾으면 될 일입니다. 마치 바깥 창고와 우리에 잠시 보관해두는 것과 같습니다."

헌공이 말했습니다.

"우나라에는 궁지기라는 현명한 충신이 있어서 그게 뜻대로 잘 되지 않을 것이오."

그러자 순식이 헌공을 안심시켰습니다.

"궁지기는 분명 반대할 것입니다. 하지만 성품이 나약한 자라 끝까지 강력하게 주장하지는 못할 것입니다. 또 우나라 왕과 궁지기는 어릴 때부터 같이 자라 친숙한 관계입니다. 그가 강력히 반대한다고 해도 재물 욕심이 많은 우나라 왕이 듣지 않을 것입니다."

이에 헌공은 보물을 내주기로 결정했습니다. 우나라에 사신으로 간 순식은 두 가지 보물을 바치며 말했습니다.

"괵나라가 우리 우나라의 남쪽 국경을 자주 침공하고 있습니다. 이제 저들을 문책하려 하니 우리 군대가 지나갈 수 있는 길을 빌려주십시오. 그 대가로 괵나라를 정복하고 얻은 전리품들을 다 왕께 드릴 것이며 앞으로 두 나라는 영구적인 평화조약을 맺을 것입니다."

과연 우나라 왕은 진나라의 보물들을 보고 입이 떡 벌어져 쾌히 승낙했습니다.

순식은 다시 우나라에서 괵나라를 먼저 공격해줄 것을 요청했습니다. 우나라 왕은 궁지기의 강력한 반대가 있었음에도 군사를 이끌고 괵나라 정벌에 나섰습니다. 진나라는 우나라 군대와 연합하여 괵나라의 하양(下陽)을 점령했습니다.

3년 후 헌공은 다시 우나라에 길을 빌려 괵나라를 정벌하겠다고 했습니다. 이때도 궁지기는 우나라 왕에게 진나라의 요구를 절대 승낙해서는 안 된다며 간언했습니다.

"괵나라는 우나라의 방어선입니다. 괵나라가 망하면 우나라는 그다음 차례가 될 것입니다. 진나라에 절대로 길을 열어주어서는 안 됩니다. 한 번도 안 될 일이었는데 어찌 두 번씩이나 길을 열어주겠습니까? 옛말에 '광대뼈와 잇몸뼈는 서로 의지하고 입술[脣]이 없어지면[亡] 이[齒]가 시리다[寒]'고 했습니다. 진나라가 지금까지 우리 우나라와 괵나라를 어찌하지 못한 것은 두 나라가 입술과 이처럼 서로 돕고 있었기 때문입니다."

그럼에도 우나라 왕은 궁지기의 간곡한 요청을 묵살하고 말았습니다.

"진나라는 괵나라보다 열 배나 크고 강한 나라가 아닌가? 작은 괵나라를 버리고 대신 큰 진나라를 새로 얻을 수 있다면 우리에

게 손해될 것은 없잖소."

 우나라 왕의 태도에 절망한 궁지기는 가족들을 이끌고 우나라
를 떠나며 말했습니다.

 "아아, 왕의 정신이 맑지 못해 나라가 망하고 마는구나. 이제
우나라는 더 이상 납제(臘祭)를 지내지 못할 것이다. 이번 행차로
우나라가 망할 테니 진나라는 다시 군사를 일으킬 필요가 없겠
구나."

 납제는 매년 음력 12월이 되면 한 해의 농사를 도와준 여러 신
들과 조상들에게 지내던 제사를 말합니다.

그해 8월, 헌공은 우나라의 수도 상양(上陽)을 포위했고, 12월에는 완전히 점령했습니다. 괵나라 왕은 나라를 잃고 주나라 수도로 달아났습니다.

또한 궁지기의 예언대로 진나라의 군대는 돌아가는 길에 우나라를 습격하여 멸망시켰습니다.

당시 우나라에는 진(晉)나라의 야욕을 알아챈 신하가 궁지기 외에 한 명 더 있었습니다. 그는 궁지기의 추천으로 대부를 지낸 사람이었지만 어차피 왕이 자신의 조언을 듣지 않을 것임을 알고 나서지 않았습니다. 우나라가 멸망한 뒤 우여곡절 끝에 염소가죽 다섯 장에 진(秦)나라로 팔려간 그는 그곳에서 벼슬을 하게 되었습니다.

그는 진 목공(秦穆公)이 천하의 패권을 잡는 데 기여하고 이후 진(秦)나라가 최고의 강국이 되는 기틀을 마련했습니다. 나중에 진시황이 천하를 통일할 수 있었던 것도 이 사람의 국방력 강화와 국가경영 능력 덕분이었다는 평가가 있을 정도입니다. 그가 바로 오고대부 백리해(百里奚)입니다.

결국 우나라 멸망으로 가장 큰 덕을 본 나라는 진(晉)나라가 아니라 진(秦)나라였던 셈입니다.

이후 순망치한(脣亡齒寒)은 서로 밀접한 관계에 있는 어느 한쪽이 힘든 상황에 처하면 다른 쪽도 영향을 받게 된다는 것을 비유하는 말로 쓰이게 되었습니다.

비 슷 한 뜻 의 한 자 성 어

- **순치지국** 脣齒之國 | 입술 순, 이 치, 어조사 지, 나라 국
  입술과 이처럼 이해관계가 밀접한 두 나라를 이르는 말.

- **순치보거** 脣齒輔車 | 입술 순, 이 치, 덧방나무 보, 수레 거
  순망치한과 보거상의(輔車相依, 수레의 덧방나무와 바퀴처럼 뗄 수 없다는 뜻, 서로 돕고 의지함을 이르는 말)를 합친 말로, 서로 없어서는 안 될 밀접한 관계를 이르는 말.

13 도움이 필요한 때는 바로 지금

涸 轍 鮒 魚
학 철 부 어

涸 물마를 학   轍 수레바퀴 자국 철   鮒 붕어 부   魚 물고기 어

장자(莊子)는 중국 전국 시대 제자백가(諸子百家) 중 노자와 함께 도가를 대표하는 사상가입니다.

그는 한때 칠원리(漆園吏)라는 말단 벼슬을 지낸 적은 있었으나 부와 권력에 관심이 없어 평생을 가난하게 살았습니다. 초나라 위왕이 제안한 재상 자리도 거부하고 현실을 초월한 자유분방함을 즐겼습니다. 그러다 보니 그는 끼니조차 잇기 어려운 생활을 했습니다.

어느 날, 장자는 양식이 떨어져 평소 친분이 있던 지방관리 감하후(監河侯)를 찾아갔습니다.

"지금 당장 먹을 것이 떨어져서 그러니 양식 좀 꾸어주게나."

감하후는 가난한 장자가 곡식을 빌려가면 갚지 못할 것 같아 빌려주고 싶지 않았지만, 친분 때문에 거절할 수도 없어 이렇게 말했습니다.

"앞으로 내 영지에서 세금을 거둘 걸세. 세금이 걷히면 그때 자네에게 300금을 빌려주겠네. 어떤가?"

감하후의 속셈을 알아차린 장자는 화가 나 안색이 바뀌었습니다. 그러고는 이런 이야기를 들려주었습니다.

"어제 내가 이곳에 오는 길에 누군가 애타게 부르는 소리가 들리는 게 아닌가. 그래서 돌아보니 수레바퀴 자국에 물이 고여 있었는데, 그 물속에 있던 붕어가 낸 소리였다네. 그래서 내가 이렇게 물었지. '그대는 붕어 아닌가? 무슨 일이 있는가?'

그러자 붕어가 숨을 헐떡이며 다급하게 대답하더군. '저는 높은 파도에 휩쓸려 바다에서 튕겨나온 해신의 신하입니다. 지금 물이 점점 마르고 있어 너무 고통스러우니 부디 물 한 바가지만 부어서 저를 살려주십시오.'

그래서 내가 다시 이렇게 대답했네. '며칠만 기다리게. 내가 곧 오나라와 월나라 왕에게 유세를 하러 가는데 일이 잘되면 그때 서

강의 물길을 거꾸로 돌려서 그대를 구해주겠네.'

그러자 붕어는 벌컥 화를 내며 이렇게 말하더군. '저는 물이 없으면 잠시도 살 수 없습니다. 그러니 지금 당장 물이 필요합니다. 한두 바가지 물만 있으면 되는데 당신은 그런 한가한 소리나 하고 계십니까? 차라리 일찌감치 건어물 가게로 가서 나를 찾는 게 나을 것입니다.' 이제 내 얘기는 끝났으니 이만 가보겠네."

장자가 말한 오나라와 월나라는 원수지간으로 협상이 잘될 일이 없고, 서강은 중국 최남단 유역의 강으로 그 먼 거리에 있는 강의 물길을 거꾸로 돌린다는 것 자체가 불가능한 일입니다. 장자는 붕어 우화를 통해 감하후의 비열한 태도를 비꼬았던 것입니다.

결국 감하후는 사과하고 그 자리에서 양식을 빌려주었습니다.

이 이야기에서 나온 학철부어(涸轍鮒魚)는 '수레바퀴 자국에 고인 물속의 붕어'란 뜻으로, 매우 위급한 경우에 처했거나 몹시 힘든 상황임을 비유할 때 쓰입니다. 당장에 도움이 필요한 사람에게 도와줄 마음이 없으면서 번지르르한 말로 위로하는 것을 풍자하는 말이기도 합니다.

비 슷 한   뜻 의   한 자 성 어

● 우제지어 牛蹄之魚 | 소 우, 발굽 제, 어조사 지, 물고기 어
소 발자국에 괸 물에 있는 물고기. 매우 위급한 처지에 놓였거나 몹시 고단하고 옹색한 사람을 비유함.

약소국도
살 길이 있다

完 璧
완 벽

完 완전할 완   璧 구슬 벽

중국 전국 시대의 일입니다. 천하제일의 보물로 소문난 화씨지벽
(和氏之璧, 자세한 내용은 1권 1. '화씨지벽' 참조)이 흘러 흘러 조(趙)
나라 혜문왕(惠文王)의 손에 들어갔습니다. 이를 알게 된 진(秦)나
라의 소양왕(昭襄王)은 화씨지벽이 무척 탐났습니다.

그래서 진나라 15개 성과 화씨지벽을 교환하자는 편지를 보냈
습니다. 편지를 받은 혜문왕이 고민에 빠졌습니다. 화씨지벽을 빼
앗으려는 진나라 소양왕의 속셈을 알았기 때문입니다.

당시 소양왕은 신뢰하기 어려운 인물이었습니다. 과거에도 초나라 회왕을 진나라로 초대했다가 억류하여 끝내 객사하게 만든 적이 있었습니다.

화씨지벽을 넘겨주자니 진나라가 성을 내주지 않을 것이 뻔했습니다. 그렇다고 넘겨주지 않자니 강력한 군사력을 앞세워 조나라를 칠 것 같아 걱정이 이만저만이 아니었습니다. 혜문왕 때는 조나라의 전성기였지만 진나라가 워낙 강해 맞서는 나라가 없었습니다.

혜문왕은 여러 대신들과 함께 이 문제에 대해 의논했습니다. 하지만 뾰족한 대안이 나오지 않는 데다 진나라에 보낼 만한 사람을 구하지도 못했습니다.

이때 내시와 환관들을 관리하는 환자령(宦者令) 무현(繆賢)이 말했습니다.

"저의 식객 중에 인상여(藺相如)가 사신으로 보낼 적임자라고 생각합니다."

혜문왕이 물었습니다.

"겨우 환관의 식객인 그가 적임자인지 어떻게 알 수 있소?"

"제가 예전에 대왕께 죄를 짓고 처벌이 두려워서 몰래 연나라로 도망가려고 했습니다. 그때 인상여가 저에게 어떻게 연나라 왕을 알게 되었는지 물었습니다. 저는 '대왕을 수행해 연나라 왕과 국경 근처에서 만난 적이 있는데, 그때 연나라 왕이 개인적으로 내 손을 잡으면서 나랑 친분을 맺고 싶다고 해서 그곳으로 가려고 하네'라고 대답했습니다."

무현이 말을 이어갔습니다.

"그랬더니 인상여가 저를 말리며 이렇게 설득했습니다. '아시다시피 조나라는 한창 전성기라 국력이 강하지만 연나라는 약소국입니다. 연나라 왕이 나리와 친분을 맺으려고 한 것은 나리가 왕의 총애를 받고 있어서입니다. 만일 나리가 조나라를 떠나 연나라로 도망간다면 연나라 왕은 조나라가 두려워 감히 나리를 머물게하지 못할 것입니다. 오히려 나리를 포박해서 조나라로 돌려보낼게 분명하지요. 나리는 보물을 아까워했을 뿐 큰 죄를 지은 것이 아닙니다. 차라리 어깨에 도끼를 짊어지고 형틀에 엎드려 사죄하시는 편이 낫습니다. 그러면 죄를 벗을 수 있는 행운이 있을지도모릅니다.' 제가 그의 계책을 따랐더니 대왕께서도 저를 용서하시지 않으셨습니까. 이처럼 그는 용기 있고 지혜와 전략이 뛰어난 사람입니다. 사신으로 갈 만한 역량이 충분하다고 생각합니다."

이 이야기를 듣고 혜문왕이 인상여를 불러서 의논했습니다. 이에 인상여가 말했습니다.

"진나라가 조나라보다 훨씬 강하니 진나라의 제안을 받아들일수밖에 없습니다."

"그러면 진나라가 내 화씨지벽만 빼앗고 성은 내어주지 않을 게 뻔하지 않소."

"만약 조나라가 화씨지벽과 진나라 15개 성을 교환하자는 요청을 허락하지 않으면 잘못은 조나라에 있습니다. 반면 진나라가 화씨지벽을 넘겨받고도 조나라에 성을 주지 않으면 잘못은 진나라에 있습니다. 그러니 우선 요구를 받아들이고 진나라에 잘못을 넘기는 게 상책입니다."

마음이 흡족해진 혜문왕은 누구를 사신으로 보내는 게 좋을지 물었습니다.

이에 인상여가 대답했습니다.

"왕께서 적당한 사람을 찾지 못하신다면 저를 보내주십시오. 진나라가 조나라에 성을 주면 화씨지벽을 진나라에 두고 오겠으나 그렇지 않으면 화씨지벽을 온전히 조나라로 가지고 돌아오겠습니다."

마침내 혜문왕은 인상여에게 화씨지벽을 주어 진나라에 사신으로 보냈습니다.

인상여가 진나라에 도착했을 때 진나라 소양왕은 왕궁 높은 자리에 앉아 있었습니다. 인상여가 화씨지벽을 받들어서 소양왕에게 바치자, 소문으로만 듣던 보물 화씨지벽을 실물로 본 소양왕은 크게 기뻐했습니다. 그러면서 주위에 둘러선 미모의 시녀들과 측근 신하들에게 차례대로 보이며 자랑했습니다. 화씨지벽을 본 사람들이 모두 만세를 불렀습니다.

돌아가는 분위기를 보던 인상여는 소양왕이 성을 내어줄 뜻이 없음을 알아차렸습니다. 그는 한 가지 계책을 생각해내고는 소양왕 앞으로 다가가 말했습니다.

"왕이시여, 화씨지벽이 최고의 보물이기는 하지만 작은 흠이 있습니다. 이것을 왕께 알려드리고 싶습니다."

그 말을 듣고 소양왕은 화씨지벽을 주며 어디에 흠이 있는지 알려달라고 했습니다. 화씨지벽을 받아든 인상여는 재빨리 뒤로 물러서서 궁궐 기둥에 기댔습니다. 그는 소양왕을 노려보며 분노에 찬 목소리로 말했습니다.

"왕께서 화씨지벽을 손에 넣기 위해 조나라에 편지를 보냈을 때 조나라 조정에서는 어떤 논의가 있었는지 아십니까? '진나라는 원래 탐욕이 많은 데다 군사력만 믿고 빈말로 교환을 이야기하는 것이니 끝내 성을 받지 못할 것이다. 따라서 화씨지벽을 진나라에 주지 않는 것이 좋겠다'라는 논의였습니다. 그때 저는 '백성 간의 거래도 서로 속임이 없는데 대국끼리야 말할 나위가 있겠습니까? 보물 하나 때문에 강한 진나라의 심기를 거슬러서는 안 됩니다'라고 했습니다. 이에 조나라 왕께서는 5일 동안 재계하시고 저를 통해 화씨지벽을 받들어 보낸 것입니다. 이것은 대국의 위엄을 존중

하고 공경을 표하기 위해서였습니다. 그런데 지금 왕을 뵈니 매우 거만하여 예의범절이 없으십니다. 또 여인들에게까지 화씨지벽을 돌려보게 하며 사신으로 온 저를 희롱하셨습니다. 저는 대왕이 성을 보상할 뜻이 없음을 알고 다시 화씨지벽을 가져가고자 합니다. 만약 저를 건드리신다면 지금 당장에 화씨지벽을 기둥에 부딪쳐 깨뜨려버리고 제 머리도 그렇게 하겠습니다."

그러면서 인상여가 화씨지벽을 들고 기둥에 부딪치려고 했습니다. 소양왕은 화씨지벽이 깨질까 화들짝 놀라 사과한 후 관리를 불러서 지도를 펼치고 손가락으로 15개의 성을 짚으며 조나라에 주라고 명령했습니다. 하지만 인상여는 그가 거짓으로 조나라에 성을 주는 척할 뿐이라고 생각했습니다.

"조나라 왕께서 화씨지벽을 진나라로 보낼 때 한 것처럼 왕께서도 5일간 재계를 하시고 궁궐 뜰에서 외교절차의 최고 의전인 구빈(九賓)의 예를 갖추십시오. 그렇다면 화씨지벽을 바치겠습니다."

소양왕은 인상여의 기개를 보고 화씨지벽을 강제로 빼앗을 수 없음을 알았습니다. 마침내 5일 동안 재계를 약속하면서 인상여를 진나라의 접객 장소인 광성전(廣成傳)에 머물게 했습니다.

인상여는 소양왕이 재계를 하고 의전을 갖춘다 해도 끝내 성을 주지 않을 것임을 알았습니다. 그래서 한 수행원에게 허름한 옷을 입히고 품에 화씨지벽을 숨겨 지름길을 따라 조나라로 도망치게 했습니다. 결국 화씨지벽은 온전하게 조나라로 돌아왔습니다.

진의 소양왕이 5일 재계 후에 구빈의 예를 행하고 인상여를 불렀습니다. 인상여가 이르러 소양왕에게 말했습니다.

"진나라에는 목공(繆公) 이래 20여 명의 군주가 있었으나 아직 약속을 분명히 지킨 사람이 없습니다. 저는 왕께서도 약속을 저버릴까 두려워 사람을 시켜 화씨지벽을 가지고 돌아가게 했습니다. 아마 조나라에 이미 도착했을 것입니다. 지금 진나라는 강하고 조나라는 약합니다. 왕께서는 조나라에 사신 한 명을 보내 편지를 전했지만 조나라는 저를 시켜 화씨지벽을 정중히 받들어 이곳 진나라까지 가져오게 했습니다. 먼저 약속한 15개의 성을 조나라에 내어주신다면, 약한 조나라가 어찌 감히 화씨지벽을 가지고 왕께 죄를 짓겠습니까? 저는 왕을 속인 죄가 커서 처형당할 것을 알고 있습니다. 저를 가마솥에 삶아 죽이는 팽형을 내리시기를 바랍니다. 다만 왕께서는 여러 신하와 함께 이를 심사숙고해 주십시오."

진나라 신하들은 격분해서 인상여의 원대로 팽형으로 처형하자고 소리쳤습니다. 5일 동안이나 목욕재계(沐浴齋戒)하며 기다렸던 소양왕도 화가 머리끝까지 치밀어 인상여를 죽이려 했습니다. 이때 진나라의 재상 범수(范雎)가 말했습니다.

"이미 인상여는 목숨을 걸고 화씨지벽을 지켜낸 영웅이 되어버렸습니다. 지금 그를 죽이면 반드시 주변국들의 인심을 잃고 말 것입니다. 어차피 화씨지벽이 조나라로 돌아갔다니 인상여를 잘 대접해 돌려보내고 훗날을 기약하는 게 좋겠습니다."

이 말을 듣고 평정을 되찾은 소양왕이 말했습니다.

"그대의 말이 맞소. 지금 인상여를 죽여봐야 화씨지벽도 못 얻고 조나라와 우호관계만 끊어질 것이오. 후하게 대접한 뒤 조나라로 돌려보내시오. 그러면 조나라 왕이 어찌 화씨지벽 하나 때문에 우리를 속이겠소."

이에 인상여는 진나라에서 사흘 밤낮으로 성대한 대접을 받은 후 조나라로 돌아갔습니다.

인상여가 돌아오자 혜문왕은 그가 조나라의 권위를 지켜냈다며 상대부(上大夫) 벼슬을 내렸습니다.

결국 진나라는 조나라에 성을 내어주지 않았고, 조나라도 진나라에 화씨지벽을 내어주지 않았습니다.

'화씨지벽[璧]이 완전하게[完] 조나라로 돌아왔다는 이 이야기에서 조금의 흠이나 결점이 없다는 뜻의 완벽(完璧)이라는 말이 나왔습니다.

비 슷 한 뜻 의 한 자 성 어

● **완벽귀조 完璧歸趙 |** 완전할 완, 구슬 벽, 돌아올 귀, 조나라 조
완벽의 본딧말. '구슬을 온전히 조나라로 돌려보내다'라는 뜻으로, 물건을 완전한 상태로 원래의 주인에게 돌려주는 것을 비유하는 고사성어.

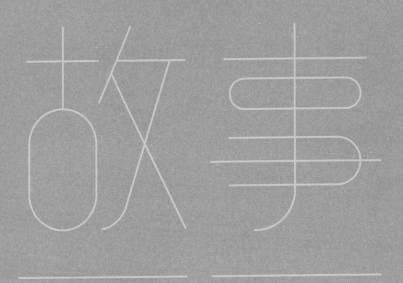

5장 나쁜 정치,
좋은 정치

15 정치가의 존재감이 없어야 좋은 정치

鼓 腹 擊 壤
고 복 격 양

鼓 두드릴 고　腹 배 복　擊 칠 격　壤 땅 양

삼황오제(三皇五帝)는 중국 신화 속 제왕들로 세 명의 황(皇, 천자)과 다섯 명의 제(帝, 임금)를 일컫는 말입니다. 이들은 중국 문명의 시조로 추앙되고 있습니다. 이중 요(堯)임금과 순(舜)임금은 성군(聖君)의 대명사로 불립니다. 이들이 다스리던 시대는 태평성대로 요순(堯舜) 시대라고 합니다.

스무 살에 왕위에 오른 요임금은 덕으로 나라를 다스렸습니다. 백성들에게 계절의 변화에 맞는 농사법을 알려주어 매년 풍년이 들게 하고 관직 제도를 정비하여 어진 인재를 널리 등용했습니다.

또한 스스로 독단에 빠지지 않도록 궁궐 입구에 '용감하게 간언하는 북'이란 뜻의 감간고(敢諫鼓)를 달아놓았습니다.

그때는 부족이 서로 화목하게 지내고 관리를 뽑고 직분을 내리는 것이 공명정대하여 세상이 평화로웠습니다.

하지만 요임금은 자신이 정말 정치를 잘하고 있는지, 백성들이 정말 편안하게 살고 있는지 궁금해했습니다. 그래서 왕위에 오른 지 50년이 된 해에 평민의 옷차림으로 혼자 몰래 궁궐을 빠져나와 나라를 둘러보았습니다. 그러던 중 어느 네거리에서 어린아이들이 춤추며 노래 부르는 광경을 보게 되었습니다.

우리가 이처럼 잘사는 것은	立我烝民
모두 다 임금님의 지극한 덕 때문이랍니다.	莫匪爾極
우리는 아는 것이 없어요.	不識不知
그저 임금님이 정하신 것을 따를 뿐이죠.	順帝之則

자세히 귀기울여 들어보니 자기를 찬양하는 노래였습니다. 흐뭇해진 요임금은 그곳을 떠나 마을 끝에 이르렀습니다. 그때 백발이 성성한 노인이 손으로 자기 배를 두드리고 흙덩이를 치며 박자에 맞춰 이런 노래를 부르고 있었습니다.

해 뜨면 나가 일하고 해 지면 돌아와 쉬네   日出而作 日入而息

밭 갈아 먹고 우물 파서 마시니   耕田而食 鑿井而飮

임금의 힘이 나한테 무슨 필요가 있을까.   帝力何有于我哉

  늙고 힘없는 백성이 정치의 힘을 바라지 않고 부른 배를 두들기며 흥에 겨워 땅을 치는[鼓腹擊壤] 모습이었습니다. 요임금은 흐뭇해했습니다. 백성들이 의식주(衣食住)에 어려움이 없고 일상생활에 만족하기 때문에 정치가가 누군지 관심도 없는 세상을 자신이 이루어놓았다고 생각했기 때문입니다.

  위의 이야기에서 나온 고복격양(鼓腹擊壤)이라는 말은 매우 평화롭고 살기 좋은 시대를 뜻합니다.

한편, 요임금에게는 아들 단주(丹朱)가 있었습니다. 그러나 그는 대홍수가 나서 온 나라가 난리통이었을 때 배를 타고 유람을 다닐 정도로 망나니였습니다. 단주의 우매함을 고치기 위해 요임금은 바둑을 만들어 가르치기도 했지만 별 효과가 없었습니다. 그는 단주가 임금이 될 재목이 아니라고 판단해 왕위를 어진 사람에게 물려주고자 마음먹었습니다.

그는 의를 존중해 바르지 않은 자리에는 앉지 않고, 합당치 않은 음식은 입에 대지도 않는다는 은자 허유(許由)를 찾아가 나라를 맡아달라고 부탁했습니다. 허유는 기산(箕山) 기슭의 영천(潁川)에서 은둔생활을 하는 선비였습니다.

"당신 같은 현자가 있는데 내가 왕위에 있는 것은 마치 태양이 떴는데도 횃불을 켜놓는 것과 같습니다. 부디 천하를 잘 다스려주십시오."

그러자 허유가 대답했습니다.

"뱁새가 무성한 숲에 둥지를 튼다 해도 나뭇가지 하나면 충분하고, 두더지가 황하의 물을 마신다 해도 그 배만 채우면 되는 것 아니겠소. 그러니 나에겐 천하가 아무 필요 없습니다."

그래도 요임금이 재차 권하자, 허유는 그 말에 고결한 자신의 귀가 더러워졌다며 영천 강물에 귀를 씻었습니다.

때마침 소에게 물을 먹이러 나왔던 친구 소부(巢父)가 이야기를 전해 듣고는 껄껄껄 웃으면서 허유를 나무랐습니다. 소부는 집도 없이 나무 위에 새처럼 둥지를 틀고 살아서 소부(巢父 둥지 소, 아비 부)로 불렸습니다.

"자네가 숨어 산다는 소문을 퍼지게 만들었기 때문에 요임금에게 그런 말을 들은 것이네. 애초에 명성이 나지 않게 해야 진정한 은자라고 할 수 있지 않겠나? 자네의 귀를 씻은 그 더러운 물을 소에게 먹일 수는 없지."

그러고는 소를 몰고 강물을 거슬러 상류로 올라가버렸습니다.

비 슷 한   뜻 의   한 자 성 어

- **강구연월** 康衢煙月 | 편안 강, 네거리 구, 연기 연, 달 월
  번화한 큰 길거리에서 달빛이 연기에 은은하게 비치는 모습을 나타내는 말로, 태평한 세상의 평화로운 풍경을 이르는 말.

- **도불습유** 道不拾遺 | 길 도, 아닐 불, 주울 습, 남길 유
  나라가 잘 다스려지고 풍속이 아름다워 아무도 길에 떨어진 물건을 주워 가지 않음을 이르는 말.

16 가혹한 정치의 무서움

苛 政 猛 於 虎
가 정 맹 어 호

苛 매울 가   政 정사 정   猛 사나울 맹   於 어조사 어   虎 범 호

중국 춘추 시대 말, 공자가 살던 노(魯)나라는 계손씨·맹손씨·숙손씨 세 집안 세도가들이 권력다툼을 벌이며 백성에게 수탈을 일삼고 있었습니다.

사실 천자의 나라 주(周)나라로부터 봉토를 물려받아 세워진 노나라는 약소국이었지만, 주나라의 예(禮)와 악(樂)이 가장 잘 보존된 나라였습니다. 공자에 따르면 예는 국가의 체제와 질서를, 악은 화합과 조화를 위한 것으로 올바른 정치를 위해 반드시 갖추어야 할 조건이었습니다.

111

노나라 소공이 즉위한 지 25년 되던 해, 제례를 올릴 때 있었던 일입니다. 매년 이때가 되면 대부들은 집안의 제례를 지내지 못하도록 되어 있었습니다. 제후들의 제례에 참석해야 하기 때문이었죠.

하지만 대부 계평자(季平子)는 이를 무시했습니다. 그는 노나라의 세도가 집안 중에 가장 세력이 강했던 계손씨 집안 사람이었습니다. 소공의 제례에 참석하지 않은 것은 물론 자신의 집에서 제사를 지냈습니다. 그것도 모자라 소공의 제례 행사에 참여할 악무단의 일부를 자기 집으로 불러들였습니다.

제례의식에서 악무단이 음악에 맞춰 춤추는 것은 매우 중요한 의식이었습니다. 또한 신분에 따라 춤추는 사람의 숫자가 엄격하

한 뼘 더 깊게

'팔일무'란?
주나라 천자의 제향 때 한 줄에 8명씩 8줄로 정렬하여 64명이 추는 춤을 '팔일무'라고 한다. 일(佾)은 열(列)과 같은 뜻으로, 일무는 지위에 따라 팔일무(八佾舞)·육일무(六佾舞)·사일무(四佾舞)·이일무(二佾舞) 네 종류가 있으며, 제후는 육일무(六佾舞), 대부는 사일무(四佾舞), 사(士)는 이일무(二佾舞)로 제사를 지낼 수 있었다.

게 제한되어 있었지요. 그런데 계평자는 천자의 제례에서만 행할 수 있는 팔일무(八佾舞)를 자기 집 마당에서 추게 하고 조상에게 제사를 올렸습니다.

결과적으로 대부에 불과한 그가 노나라 소공이 제후로서 행해야 할 제례를 방해한 것입니다.

계평자가 예로써 정치를 하지 않는 데다 팔일무 사건까지 터지자 당시 35세의 젊은 학자였던 공자는 그를 신랄하게 비판했습니다.

"천자의 제례에서만 출 수 있는 춤을 멋대로 대부의 마당에서 추게 하다니, 이런 짓을 스스럼없이 하는 것을 보면 앞으로 무슨 짓인들 저지르지 못하겠는가?"

계평자로부터 굴욕을 당한 소공은 울분을 참지 못하고 군사를 일으켜 계평자를 공격했습니다. 하지만 계평자의 집안이 실권을 잡은 지 이미 오래된 터라 권력 기반이 탄탄한 다른 세도가인 숙손씨와 맹손씨까지 군사를 보내 계평자를 도왔습니다. 만약 계평자가 숙청당하고 나면 자신들도 위험해질 것을 우려했기 때문입니다.

결국 소공의 군대는 오히려 격퇴당하고 제나라로 망명길에 올랐습니다. 이를 지켜본 공자가 제자들과 함께 소공을 따라 제나라로 가고 있었습니다.

　태산 근처 깊은 산속을 지나고 있는데, 어디선가 피 토하듯 흐느끼는 여인의 울음소리가 들렸습니다. 공자는 수레 손잡이를 놓고 여인의 울음소리를 따라가 보았습니다.

　가보니 소복을 입은 여인이 세 개의 무덤 앞에서 흐느껴 울고 있었습니다.

　공자는 자신의 호위무사이자 제자 중 한 명인 자로(子路)를 보내 여인이 우는 까닭을 알아보도록 했습니다.

　여인이 대답했습니다.

　"이 마을에는 호랑이가 많아서 몇 해 전에 시아버지께서 호랑이에게 물려 돌아가셨습니다. 작년엔 남편도 호랑이에게 잡아 먹혔습니다. 그런데 이번에는 제 아들까지 호랑이에게 희생당했습

호환(虎患 범 호, 근심 환) 피해의 역사

흔히 무서운 것을 말할 때 "호환마마보다 무서운" 같은 말을 붙이곤 한다. 여기서 호환은 '호랑이에게 화를 입는 것'을, 마마는 전염성이 강한 질병이었던 '천연두'를 의미한다. 우리나라에서 호환 피해의 역사는 무척 깊다. 다른 맹수들은 사람을 두려워하여 알아서 피하는 경향이 있는데 호랑이는 유독 사람을 자주 습격했기 때문이다. 이러한 호랑이의 피해는 근대화 이후에도 계속되었다. 일제강점기 때 조선총독부에서 실시한 해수구제 정책, 즉 해로운 맹수들을 죽여 없애는 정책이 호랑이 멸종의 가장 큰 원인이라는 지적도 있다. 그만큼 호환으로 인한 인명 피해가 많았다.

니다."

여인의 대답을 이상히 여긴 공자가 물었습니다.

"그런데 왜 이 위험한 산골짜기를 떠나지 않았습니까?"

여인이 한숨을 쉬며 대답했습니다.

"그래도 이곳엔 혹독하게 세금을 물리거나 재물을 빼앗는 벼슬아치들이 없으니까요."

이 말을 듣고 공자는 숙연해져서 제자들에게 말했습니다.

"얘들아, 가혹한 정치는 호랑이보다 더 무섭다는 것[苛政猛於虎]

을 늘 기억하도록 하여라."

이 이야기는 《예기(禮記)》의 〈단궁하편(檀弓下篇)〉에 나옵니다.

이때부터 가정맹어호(苛正猛於虎)는 위정자들이 정치를 잘못하면 백성들이 큰 고통을 받는 것을 표현하는 말로 사용되었습니다.

비 슷 한   뜻 의   한 자 성 어

● 가렴주구 苛斂誅求 | 가혹할 가, 거둘 렴(염), 벨 주, 구할 구
세금을 가혹하게 거두어들이고 무리하게 재물을 빼앗음.

17

망한 나라
백성의 비애

麥秀之嘆

맥　수　지　탄

麥 보리 맥　秀 빼어날 수　之 어조사 지　嘆 탄식할 탄

은(殷)나라의 마지막 왕은 신제(辛帝)로 사람들은 그를 주(紂)라고 불렀습니다. 총명함을 타고났던 주는 말주변이 뛰어났을 뿐만 아니라 사람의 마음을 꿰뚫어보는 능력을 가지고 있었습니다. 또 맨손으로 맹수를 때려잡는 괴력의 소유자이기도 했습니다.

　그러다 보니 이 세상에는 자신을 능가할 사람이 없다며 자만하게 되었습니다. 자연히 신하들의 간언을 비웃으며 자기 잘못은 말재주로 교묘하게 합리화하거나 덮어버렸습니다.

그는 하(夏)나라의 마지막 왕 걸(桀)이 그랬던 것처럼 술과 음악, 여자들을 지나치게 좋아했습니다. 특히 달기(妲己)라는 여자를 총애하여 그녀가 원하는 것이면 무엇이든 들어주었습니다.

달기의 원대로 궁중의 음악을 음란하고 퇴폐적으로 바꾸었습니다. 그리고 수도에 녹대(鹿臺)라는 거대한 금고를 만들고, 거교(鉅橋)라는 거대한 곡식 창고를 세웠습니다. 백성들로부터 가혹하게 거둬들인 세금과 곡식으로 그 안을 가득 채웠습니다.

별궁을 확장하여 각종 희귀한 동물과 값비싼 보물을 수집해 들여놓았습니다. 주는 그곳에 화려한 건축물을 짓고 수많은 악공과 광대들을 불러모았습니다. 정원에는 못을 파서 술로 채우고 고기 안주를 나무에 매달아 빽빽한 숲처럼 만들었습니다. 그 안에서 사람들은 저속한 음악에 술과 고기를 즐기며 방탕하게 놀았습니다.

나라가 이런 상황이니 점차 백성들의 원성이 높아지고 반기를

고사성어 속 고사성어

주지육림 酒池肉林 | 술 주, 못 지, 고기 육, 수풀 림(임)

술로 연못을 이루고 고기로 숲을 이룬다는 뜻으로 호사스러운 술잔치를 이르는 말. 은나라 주왕이 애첩 달기에 빠져 폭정을 일삼고 사치스럽고 방탕한 생활을 한 것에서 나온 고사성어.

드는 제후들이 나타나기 시작했습니다.

그런데도 주는 정신을 차리기는커녕 형벌을 무겁게 하고 적대 세력들에게 공포감을 주기 위해 포락(炮烙 통째로 구울 포, 지질 락)이라는 잔인한 형벌까지 만들어냈습니다. 시뻘겋게 타는 숯불 위에 기름을 칠해 미끄러운 구리기둥을 걸쳐놓고 그 기둥 위를 죄인이 걷게 만드는 형벌이었습니다.

주는 구리기둥에서 미끄러져 숯불에 타는 죄인들이 내지르는 비명소리를 음악처럼 들으며 연회의 흥을 돋우었습니다. 이러는 사이 주는 통치 능력을 급속히 상실해갔습니다.

당시 은 왕조에는 천자를 보필하는 삼공(三公)이 있었습니다. 훗날 주문왕(周文王)이 되는 서백(西伯) 창(昌), 구후(九侯), 악후(鄂侯)가 그들이었습니다.

구후는 자신의 아름다운 딸을 주에게 부인으로 주었는데 그녀는 주의 음탕한 짓을 싫어했습니다. 그런 이유로 주는 구후와 딸을 죽이고 구후의 시신을 소금에 절였습니다. 이 일에 대해 따지던 악후도 죽여서 포를 떴습니다. 이를 본 서백 창이 탄식하자 옥에 가두고 그의 장남을 죽여 끓인 국을 먹게 했습니다. 이처럼 충신들이 죽음을 무릅쓰고 주에게 간언했지만 대부분 죽임을 당하거나 스스로 자취를 감추었습니다.

주는 아첨꾼에 욕심 많은 비중(費中)과 이간질을 잘하는 오래(惡來) 같은 간신들을 등용해 국정을 맡겼습니다. 이 때문에 제후들과의 사이는 더욱 멀어졌습니다.

은나라 왕실에는 주의 숙부인 비간(比干)과 기자(箕子), 배다른 형인 미자(微子)라는 혈육이 있었습니다. 비간은 태자의 스승, 기자는 왕인 주의 스승이었습니다.

그들은 주에게 정치를 제대로 하라고 간언했습니다. 미자는 자신의 간언이 받아들여지지 않자 스스로 목숨을 끊으려고 했습니다. 이를 본 기자와 비간이 조카 미자를 말렸습니다.

"그렇게 해서 왕이 바른 정치를 한다면 몰라도, 그렇지 않다면 한낱 헛된 죽음이 될 것이오. 차라리 다른 나라로 몸을 피하는 게 좋겠소."

미자는 그 말을 옳다고 여겨 망명길에 올랐습니다.

예전에 주가 상아 젓가락을 만들어 음식을 먹는 것을 보고 기자가 그것이 불러올 결과를 두려워하며 말한 적이 있었습니다.

"왕이 상아 젓가락을 만들었으니 이제 흙으로 빚은 그릇이 아닌 물소 뿔이나 옥으로 만든 잔을 가져오라 할 것이다. 또 상아 젓가락이나 옥잔에 걸맞은 진수성찬을 차려놓으라 할 게 분명하다. 그런 음식을 먹는다면 삼베옷을 걸치거나 초가집에서는 살지 못하고 비단옷을 입고 크고 넓은 궁궐에 살려고 할 것이다. 이런 식으로 그의 요구가 계속된다면 세상 모든 것을 갖다바쳐도 부족할 것이다."

과연 그의 말대로 5년이 지난 후 주는 점점 더 잔인한 폭군이 되어 나라를 망하게 만들었습니다.

기자는 자신의 충언이 묵살되자 주위에서 망명을 권했지만 이렇게 말하며 거부했습니다.

"간언이 받아들여지지 않는다고 다 떠나버리면 왕의 잘못을 부추기게 될 뿐이오."

그는 거듭 간언하다 주에게 분노를 사 귀족의 지위를 박탈당하고 노예가 되었습니다. 이후 머리를 풀어헤치고 미친 사람 행세를 하다가 겨우 풀려나 숨어 살면서 거문고로 시름을 달랬습니다.

비간은 미자와 기자가 겪는 것을 보며 참지 못하고 계속 간언했습니다. 그러자 머리끝까지 화가 난 주가 말했습니다.

"말하는 것으로 보니 당신은 성인이시군요. 내가 듣기로 성인의 심장에는 구멍이 일곱 개나 있다고 하던데 그게 진짜인지 꼭 확인해봐야겠습니다."

그러고는 자신의 숙부이자 스승인 비간을 죽여 심장을 꺼내 갈기갈기 찢었습니다.

주의 이러한 잔혹함은 결국 주(周)나라 무왕(武王)과 서쪽 제후

들의 연합 공격으로 끝이 났습니다.

　주가 70만 대군을 이끌고 맞섰지만 폭정에 시달리던 은나라 군사들은 대부분 무왕에게 항복하거나 주나라 군대에 가담해버렸습니다. 은나라 군대는 크게 패하고 주는 목야(牧野)에서 도망쳐 수도 조가(朝歌)에 있는 녹대 위로 올라가 불을 지른 후, 보석으로 장식한 옷을 입고 불 속으로 몸을 던지고 말았습니다. 이로써 은 왕조는 역사 속으로 사라졌습니다.

　훗날 기자가 은나라의 옛 궁궐 터를 지나가게 되었습니다. 화려한 궁궐이 있었던 자리는 무성한 보리밭으로 변해 있었습니다. 그는 마음이 울적해서 '맥수(麥秀)'라는 시 한 수를 읊었습니다.

보리 이삭은 무성하고	麥秀漸漸兮
벼와 기장은 윤기가 흐르는구나.	禾黍油油兮
다 저 철없는 교활한 놈이	彼狡童兮
나의 말을 듣지 않았기 때문이다.	不與我好兮

화려했던 옛 궁궐 터에 곡식(보리)만 무성하게 자라 황폐해진 것을 보고 탄식한 시입니다. 여기에서 나라가 망한 것을 슬퍼한다는 뜻의 맥수지탄(麥秀之嘆)이라는 말이 유래했습니다.

비슷한 뜻의 한자성어

● **흥망성쇠** 興亡盛衰 | 흥할 흥, 망할 망, 성할 성, 쇠할 쇠
'흥하고 망하고 융성하고 쇠퇴함'을 뜻함. 사람의 운수와 나라의 운명이 고정되어 있지 않고 돌고 돌아 늘 변한다는 말.

18

시대를 역행하는 언론과 사상 통제

焚 書 坑 儒
분 서 갱 유

焚 불사를 분 書 글 서 坑 구덩이 갱 儒 선비 유

전국 시대 진(秦)나라 왕 영정은 기원전 221년 역사상 최초로 중국 대륙을 통일했습니다. 중국의 영어표기인 'China'도 진나라의 '진(Chin)' 발음에서 비롯되었습니다.

영정은 자신을 '첫 번째 황제'란 뜻의 '시황제(始皇帝)'라 부르게 했습니다. 자신의 능력과 덕이 삼황오제를 능가한다는 뜻입니다. 그는 이처럼 열두 살 어린 나이에 왕이 되어 대업까지 이룬 것에 대한 자부심으로 가득차 있었습니다.

그는 군현제 실시, 문자·화폐·도량형의 통일 등 이후 중국 중앙 집권 체제의 토대를 놓은 인물입니다. 만약 중국 역사에서 그가 없었다면 아마도 지금의 중국 땅은 유럽처럼 여러 나라로 나뉘어 졌을 것입니다.

진시황에게 가장 많은 영향력을 끼친 신하는 바로 이사(李斯)였 습니다. 초나라 출신인 이사는 젊은 시절, 지방 관청의 하급 관리 로 일한 적이 있었습니다. 그때 관청 화장실에 사는 쥐들과 창고에 사는 쥐들을 자주 관찰하곤 했습니다. 화장실에 사는 쥐들은 냄 새나고 좁은 곳에서 더러운 것을 먹다가 사람이나 개가 가까이 오 기라도 하면 놀라 달아나는 반면, 창고에 사는 쥐들은 넓고 먹을 거리가 가득한 곳에서 여유있게 살면서 사람이나 개가 가까이 다 가가도 별로 신경 쓰지 않았습니다.

'사람도 화장실의 쥐나 창고의 쥐와 다를 게 없구나. 가난하고 궁색하게 사는 것과 넉넉하고 여유롭게 사는 것은 처지와 환경의 차이일 뿐이야'라고 생각한 그는 관직에서 물러나 당대 최고의 학 자였던 순자를 찾아가 천하를 경영하는 법을 배웠습니다. 공부를 마친 이사는 고향 초나라를 버리고 당시 가장 강성한 진(秦)나라 의 왕을 찾아갔습니다.

이사는 법가 사상가로서 진나라가 천하를 통일하기 위한 기반 을 다졌고, 통일 이후에는 대륙 통치를 위한 많은 정책을 세웠습니다. 그는 진나라 전역을 36개 군(郡)과 현(縣)으로 재편하고, 중앙정부에서 임명한 관리들이 다스리게 했습니다. 이렇듯 진시황은 이사의 도움을 받아 강력한 법을 기반으로 한 중앙집권적 군주제를 수립했습니다.

진시황은 대단한 업적만큼이나 폭군으로 유명합니다. 그 시초가 분서갱유(焚書坑儒) 사건입니다. 진시황이 다스린 지 34년이 되던 기원전 213년에 있었던 일입니다.

그는 수도 함양의 황궁에서 군신들을 모아 주연을 베풀었습니다. 진나라가 흉노족의 침입을 막는 만리장성을 축조하고 동서 교역로의 중심부에 위치한 강국 월지(越地) 정벌을 축하하는 자리였습니다. 이때 주청신(周青臣)이라는 신하가 진시황에게 술을 따르며 공덕을 칭송했습니다.

"원래 진나라는 아주 작아 영토가 천 리를 넘지 못했는데 폐하께서 탁월한 영도력으로 천하를 평정해 오랑캐를 쫓아냈고 태양과 달빛같이 비추시니 모두가 복종하고 있습니다. 또한 "봉건제(封建制)를 군현제(郡縣制)로 바꾸시어 백성들이 전쟁의 걱정 없이 태평성대를 누리고 있으니 역사상 폐하에 비길 만한 자가 한 사람도 없습니다."

주청신의 말은 순우월(淳于越)의 불만을 샀습니다. 순우월은 제나라 출신으로 주나라의 봉건제도를 찬양하고 진나라의 새로운 제도인 군현제를 비판하는 유학자들 중 한 사람이었습니다.

순우월이 벌떡 일어나 말했습니다.

"옛날 은나라와 주나라 시대에는 봉토를 자제와 공신들에게 나눠주었기 때문에 나라가 천 년이나 유지될 수 있었습니다. 그들이 힘을 합해 천자를 잘 보필했기에 가능했던 것입니다. 그런데 오늘날 폐하께서는 천하를 가지고도 영토를 나눠주시지 않고 있습니다. 만약 제나라에서 정변을 일으켜 국정을 마음대로 주물렀던 전상(田常)과 같은 자가 나타난다면 폐하도 진나라도 큰 위험에 빠질 것입니다. 옛날처럼 분봉을 하지 않고 어떻게 대대손손 보좌를 이어가시겠습니까? 이것을 지적하지 않는 주청신의 말은 간신의 아첨이지 충신의 간언이 아닙니다!"

전통적인 유가사상과 새로운 법가사상이 충돌하는 양상을 보이자 승상 이사가 끼어들었습니다.

"순우월이 시대가 변했음을 모르고 옛날 제도만 옳다고 주장하고 있습니다. 요즘 유학자들은 지금 정치와 제도가 잘못됐으니 옛날로 돌아가야 한다며 백성을 미혹하고 있습니다. 결코 있어서는 안 될 일입니다. 봉건 시대에는 제후들 간에 전쟁이 끊이지 않아 천하가 어지러웠으나 이제는 통일되어 안정을 찾았고 법령도 모두 한 곳에서 내려집니다. 그런데 옛 책을 공부한 사람들 중에는 새로운 법령이나 정책에 대해서 비난하는 자들이 있습니다. 이런 자들을 엄격한 죄로 다스리지 않으면 계속 천하를 어지럽힐 것입니다.

앞으로 진나라가 기록하지 않은 역사서들과 세상을 혼란에 빠뜨리는 사상서들은 모두 불태워야 합니다. 그리고 이제 옛것을 가지고 현재를 비판하는 자는 삼족을 멸하십시오. 그래야만 이 나라가 든든히 세워져갈 것입니다."

진시황은 이사의 말을 듣고 옳다고 여겨 그의 건의를 받아들였습니다. 그래서 의학·점술·농경 분야를 제외한 모든 책을 불태우게 하고, 유교를 공부하거나 진나라 체제를 반대하면 극형에 처한다고 엄히 공표했습니다. 이것이 분서(焚書) 사건입니다.

그 이듬해인 기원전 212년에는 진시황이 사방으로 신하들을 보내 불로초(不老草)를 구해오게 한 적이 있었습니다. 진시황은 재위 기간 동안 여러 차례 암살의 위험을 겪으며 늙지 않고 오래 사는 것에 대한 집착이 강해졌습니다.

그 결과 말년에는 기원전 3세기 산동반도를 중심으로 번진 신선사상에 과도하게 심취했습니다. 신선의 술법을 수련하는 사람을 방사(方士)라고 불렀는데 진시황은 이런 방사들을 가까이 두고 특혜를 베풀었습니다.

기원전 219년, 진시황은 제나라 출신으로 천문과 점성술, 의학

과 점복을 공부해 방사로 등용된 서복(徐福)을 바다로 보내 신선에게 신비한 약을 구해오게 했습니다. 서복이 돌아오더니 이렇게 보고했습니다.

"제가 바닷속의 신선을 만나 늙지 않고 오래 살 수 있는 약을 구하러 왔다고 하니, 그 신선이 '진시황이 보낸 것이 불품없으니 그 약을 볼 수는 있어도 가져갈 수는 없다'고 했습니다. 제가 '그럼 어떤 예물을 바쳐야 약을 얻을 수 있습니까?'라고 묻자 그 신선은 '양갓집 사내아이와 계집아이들, 그리고 온갖 기술자들이 만든 물품을 바치면 얻을 수 있다'고 했습니다."

진시황은 크게 기뻐하며 금은보화와 곡식 종자, 소년 소녀 3000명과 수행원 5000명, 그리고 각종 뛰어난 장인들을 60여 척의 큰 배에 실어 보냈습니다. 진시황의 불안한 심리상태를 이용해 사기

행각을 벌인 서복은 멀리 가서 돌아오지 않았습니다.

이후에도 막대한 돈을 들여 무려 300명 이상의 방사들을 보내 불로장생의 약을 구해오게 했습니다. 그들 중에서도 특히 총애했던 방사 노생(盧生)과 후생(侯生) 두 사람 역시 거짓으로 진시황을 속여 많은 재물을 얻어가지고 도망쳤습니다. 그들은 진시황에 대해 불로초를 얻을 자격이 없는 부도덕한 사람이라고 비난까지 했습니다. 이 사실을 알게 된 진시황은 화가 머리끝까지 났습니다.

그는 방사들뿐 아니라 자신에게 비판적인 유학자들까지 잡아들여 심문했습니다. 그중 460여 명이 유죄 판결을 받고 함양 동부 외곽 지역에 생매장되었습니다. 이 사건이 갱유(坑儒)입니다.

진시황은 이처럼 책을 불사르고 선비를 구덩이에 파묻는 분서갱유(焚書坑儒)를 통해 단기간에 학문과 사상을 통일하고 여론을 장악했습니다. 하지만 이 일로 인해 진시황은 지금까지도 포악한 독재자로 평가받고 있습니다.

19 불가능한 일을 억지로 하려 함

緣 木 求 魚
연 목 구 어

緣 인연 연 木 나무 목 求 구할 구 魚 물고기 어

중국 전국 시대 동쪽의 제(齊)나라는 서쪽의 진(秦)나라, 남쪽의 초(楚)나라와 더불어 제후국들 중 강대국에 속했습니다. 기원전 319년 왕위에 오른 선왕(宣王)은 초기에는 제자백가를 등용하는 등 선정을 베풀었습니다. 그러나 점차 자신이 이룬 업적에 자만하며 총애하던 신하 왕환(王驩) 등에게 국정을 맡겨버렸습니다.

그는 나랏일을 돌보는 대신 술과 여자에 빠져 지내며 화려한 궁궐을 짓고 풍악을 즐겼습니다. 또 자신이 좋아하는 사냥을 위해 사방 40리나 되는 수렵장을 만들고 궤변을 일삼는 자들과 가까이 하며 지적 허영에 젖어 있었습니다. 이때 재상 전기(田忌)는 여러 번에 걸쳐 충언하다 화병을 얻어 죽었습니다.

선왕이 여느 때와 같이 잔치를 벌이고 악사들을 불러 풍악을 즐기고 있던 어느 날, 궁문 밖에 어떤 여인이 찾아와 큰 소리로 왕을 뵙기를 청했습니다.

"저는 무염(無鹽) 지방에서 온 종리춘(鍾離春)이라고 합니다. 왕을 뵈러 왔으니 들여보내 주십시오."

다 해어진 옷을 걸친 이 여인의 외모를 말하자면, 이마는 절구 통처럼 튀어나오고 눈은 움푹 들어갔으며 들창코에 목이 굵고 몸매는 남자처럼 장대한 데다 등은 굽어서 마치 낙타 같았고 머리털은 가을 풀 같이 억세었으며 피부는 옻칠을 한 듯 새까맸습니다.

궁궐을 지키는 군사들이 황당해하자 이 추녀는 더 당당히 목소리를 높였습니다.

"내 나이 마흔이 넘었지만 아직 시집을 가지 못했습니다. 앞으로 후궁에 거처하면서 대왕을 모실 것입니다."

보고를 들은 선왕은 종리춘을 안으로 들어오게 했습니다. 그녀의 얼굴을 보더니 선왕이 말했습니다.

"그대처럼 못생긴 사람과 함께 살겠다는 사람은 시골구석에도 없을 것이다. 그런데도 감히 왕인 나를 섬기겠다고? 무슨 까닭으로 그런 말을 하는 것인지 어디 들어나 보자."

그러자 종리춘이 말했습니다.

"대왕께서는 지금 4가지 잘못을 저지르고 계십니다. 우선 진(秦)나라는 상앙이라는 뛰어난 인재를 등용하여 재정과 군사력을 튼튼하고 있습니다. 저들은 머지않아 제나라에 쳐들어올 것이 분명합니다. 그런데도 좋은 장수를 기르지도, 국방에 관심을 두지도 않으시니 이것이 첫 번째 잘못입니다. 다음으로 옳고 그름을 따지는 충신이 있으면 그 나라는 망하지 않는다고 했습니다. 하지만 국정을 내팽개치고 충신들의 말을 듣지 않으시니 이것이 두 번째 잘못입니다. 또, 아첨을 잘하는 자와 황당무계한 말만 하는 자들이 권력을 잡고 있고 대왕께서는 이들을 의지하고 계시니 이것이 세 번째 잘못입니다. 마지막으로 대왕께서는 크고 화려한 궁궐과 누대를 짓고 넓은 수렵장을 만드셨습니다. 이로 인해 백성들은 지칠 대로 지치고 국고는 바닥이 났으니 이것이 네 번째 잘못입니다. 이러한 대왕의 실책들은 우리 제나라를 매우 위태롭게 만들고 있습니다. 어찌 이런 상황을 보지 못하십니까?"

그 순간 크게 깨달은 제나라 선왕은 왕좌에서 내려와 종리춘의 손을 잡고 말했습니다.

"그대가 말해주지 않았다면 정말 큰일 날 뻔했구나."

선왕은 종리춘을 왕후로 삼고 바로 술잔치를 폐지했으며, 간신들은 추방하고 충신들을 대거 등용했습니다.

전국 시대, 맹자는 천하를 두루 다니며 왕도정치를 설파했습니다. 선왕 초기에는 제나라의 인재양성 기관인 직하궁(稷下宮) 학생들을 가르치며 7년간 제나라에 머문 적이 있었습니다.

천하통일의 야망이 있었던 선왕은 맹자에게 제나라 환공(桓公)과 진(晉)나라 문공(文公)에 관해서 물었습니다. 환공과 문공은 춘추 시대에 패권을 잡았던 춘추오패 중 두 사람입니다. 맹자는 "공자의 제자들 중 누구도 무력으로 패자가 된 제 환공과 진 문공에 대해 언급하지 않았고 자신도 들어본 일이 없다"며 이들에 대해 매우 부정적으로 대답했습니다.

대신 맹자는 패도(霸道)가 아닌 왕도(王道)정치에 관하여 설명했습니다. 왕도정치란 통치자가 힘과 무력이 아닌 어진 덕(德)으로 민생을 안정시키고 인간다운 삶을 누리게 하는 것입니다.

맹자의 왕도정치론을 듣고 선왕이 물었습니다.

"저 같은 사람도 왕도정치를 펼칠 수 있겠습니까?"

맹자가 "충분히 가능합니다"라고 대답하자 선왕은 그 근거가 무엇인지 되물었습니다.

이에 맹자가 말했습니다.

"제가 호흘(胡齕)이라는 신하에게 이런 이야기를 들은 적이 있습니다. 언젠가 왕께서 어떤 사람이 흔종(釁鍾) 제사에 제물로 쓰려고 소를 끌고 가는 것을 보고 '그 소를 놓아주어라. 두려워 벌벌 떨면서 죄 없이 사지로 끌려가는 모습을 차마 못 보겠구나'라고 하시고는 그 사람이 '그러면 흔종 의식을 폐지할까요?'라고 묻자, 왕께서 '그럴 필요는 없다. 흔종이 종을 만들 때 종소리를 잘나게 하기 위해 짐승의 피를 칠하는 제사 아니더냐. 꼭 소를 써야 하는 것은 아닐 테니 소 대신 양으로 바꾸어라'고 말씀하셨다는 이야기입니다. 정말 그런 일이 있으셨습니까?"

선왕이 그렇다고 대답하자 맹자가 말했습니다.

"그런 마음이 있으면 충분히 왕도정치를 펼 수 있으십니다. 왕께서는 비용을 아끼려는 것이 아니라 어진 마음으로 그렇게 말씀하신 것입니다. 물론 소는 보셨지만 양은 보지 못하셨기 때문에 그같이 명령을 내리셨습니다. 소나 양이나 본질은 같은 것이니 보지 못하는 것에 대해서도 어진 마음을 잃지 마십시오. 그것이 왕도정치의 시작입니다."

선왕이 기뻐하며 물었습니다.

"그런데 그 마음이 왕도정치에 적합한 이유가 무엇인지요?"

맹자가 설명했습니다.

"왕께 어떤 사람이 '나는 3000근의 무게를 들 수는 있으나 깃털 하나는 들지 못합니다. 그리고 가느다란 털의 끝은 볼 수 있으나 수레에 실린 땔감은 보지 못합니다'라고 한다면 이 말을 받아들이시겠습니까?"

"당연히 받아들이지 않지요."

"지금 왕의 자비가 소 같은 짐승에게까지 미치는데 백성들에게 이르지 못하는 건 무엇 때문입니까? 깃털 하나를 들지 못하는 것은 근력을 사용하지 않기 때문이고 땔감을 보지 못하는 것은 시력을 사용하지 않기 때문입니다. 백성들이 왕의 보호를 받지 못하는 것은 왕께서 왕도정치를 하지 않기 때문이지 할 수 없기 때문이 아닙니다. 태산을 끼고 북해를 뛰어넘는 것을 못한다고 하면 정말 못하는 것입니다. 하지만 어른을 위해 나뭇가지를 꺾는 것을 못한다고 하면 못하는 것이 아니라 하지 않는 것입니다. 왕도정치는 태산을 끼고 북해를 뛰어넘는 것이 아니라 어른을 위해 나뭇가지를 꺾는 것과 같은 종류입니다."

맹자와 선왕이 대화를 이어갔습니다.

"왕께서는 전쟁을 일으켜 군사와 신하들을 위태롭게 하고 제후들의 원한을 산 뒤에야 마음이 유쾌해지시겠습니까?"

"그럴 리가 있겠습니까? 저는 앞으로 이루고 싶은 큰 꿈이 있습니다."

"그 꿈을 들려주실 수 있으십니까?"

선왕이 웃기만 할 뿐 대답하지 못하자 맹자가 말했습니다.

"기름지고 맛난 음식, 고급 의복, 좋은 풍채와 외모, 아름다운 음악, 총애하는 사람들, 이런 것이 부족해서 전쟁을 일으키려는 것입니까?"

"아닙니다. 저의 큰 꿈은 그런 것이 아닙니다."

맹자는 선왕을 차분히 일깨워주었습니다.

"왕께서는 지금 영토를 넓히고 강대국 진(秦)나라와 초(楚)나라의 복종을 받아내어 천하를 다스리며 오랑캐들을 제압하길 원하십니다. 이는 나무에 올라가서 물고기를 구하는 것[緣木求魚]과 다를 바 없습니다. 나무에 올라 물고기를 찾는다면 물고기만 구하지 못할 뿐이지만 패도정치를 하다 실패하는 날에는 나라가 멸망하고 말 것입니다. 제나라가 강하다고 하나 비슷한 국력을 가진 다른 나라들을 무력만 앞세워 복종시키는 것은 불가능합니다. 그러나 왕께서 어진 정치를 베풀어 천하의 모든 선비들이 왕 밑에서 벼슬하고 싶도록 만들어보십시오. 세상의 모든 농부들이 왕의 땅에서 농사를 짓고, 모든 상인들이 왕의 시장에서 장사를 하고 싶게 만들어보십시오. 세상 사람 모두가 왕의 길을 걷고 싶게 된다면 누가 감히 왕을 막을 수 있겠습니까?"

맹자의 말을 들은 선왕이 말했습니다.

"선생께서 저를 이끌어주시기 바랍니다. 비록 제가 총명하지도 민첩하지도 못하지만 노력을 다하겠습니다."

비슷한 뜻의 한자성어

- **귀배괄모** 龜背刮毛 | 거북 귀, 등 배, 깎을 괄, 터럭 모
  거북의 등에서 털을 깎는다는 뜻으로, 불가능한 일을 무리하게 하려고 함을 이르는 말.

- **상산구어** 上山求魚 | 윗 상, 메 산, 구할 구, 물고기 어
  산 위에 올라가 물고기를 구한다는 뜻으로, 도저히 불가능한 일을 굳이 하려 함을 이르는 말.

이후 선왕은 맹자 정치사상의 핵심인 왕도정치론을 진지하게 경청했습니다.

이 이야기에서 잘못된 방법으로 목적을 이루고자 하는 어리석음을 나타내는 연목구어(緣木求魚)라는 고사성어가 유래했습니다. 실현 가능성이 없는 일을 하려는 것을 비유하는 말로도 쓰입니다.

20

격에 맞지 않는
인사정책

狗　尾　續　貂
구　　미　　속　　초

狗 개 구　尾 꼬리 미　續 이을 속　貂 담비 초

사마염(司馬炎)이 서진(西晉) 초대 황제 무제(武帝)로 즉위한 뒤, 황
족들을 지방의 왕으로 임명했습니다. 황족의 권위를 과시하고 지
방을 효과적으로 통치하기 위해서였습니다.

　왕들에게 세습을 허용하는 한편, 군대를 거느리고 세금을 징수
할 수 있는 권한을 주어 해당 지방을 다스리게 했습니다. 그러나
무제 사후 황실의 권위가 약화되면서 지방 번왕들은 자신들의 군
사력을 바탕으로 권력쟁탈전을 벌이는 혼란이 이어졌습니다.

　이들 황족은 무제의 아들 세 명, 조카 한 명, 숙부 두 명, 육촌 두

팔왕(八王), 그들은 누구인가?

팔왕은 8명의 사마(司馬)씨 제후 왕들로, 이들은 저마다 황제를 꿈꾸며 서로 싸워 서진의 멸망을 재촉했다는 평가를 받는다. 무제의 아들 셋은 각각 초왕(楚王) 사마위(司馬瑋), 장사왕(長沙王) 사마예(司馬乂), 성도왕(成都王) 사마영(司馬穎)이며, 조카 한 명은 무제의 동생 사마유(司馬攸)의 아들 제왕(齊王) 사마경(司馬冏)이다. 숙부 두 명은 무제의 아버지 사마소(司馬昭)의 동생 여남왕(汝南王) 사마량(司馬亮)과 조왕(趙王) 사마륜(司馬倫)이다. 육촌 두 명은 무제의 할아버지 사마의(司馬懿)의 두 동생의 손자 하간왕(河間王) 사마옹(司馬顒)과 동해왕(東海王) 사마월(司馬越)이다.

명으로 총 여덟 명이었기 때문에 이들이 벌인 내란을 '팔왕의 난'이라고 부릅니다.

무제의 아들 사마충은 9세 때 황태자가 되어 14세 때 가남풍과 결혼했습니다. 원래 아버지 사마염은 외모와 성격이 좋고 지혜로운 위관의 딸을 태자비로 낙점했습니다. 하지만 강력한 외척세력의 등장을 우려한 신하들의 추천에 따라 외모가 추하고 평판이 나쁜 가충의 딸을 태자비로 삼았던 것입니다.

사마충은 학문에 뜻이 없고 황제가 될 자질도 부족했습니다. 그것을 걱정한 무제 사마염은 사마충의 자질을 시험하기로 했습니다.

우선 황태자의 거처인 동궁의 신하들에게 연회를 베풀어 태자와 떼어놓았습니다. 그 뒤 난해한 국정과제 하나를 적어 밀봉한 편지를 사마충에게 보내 답안을 제출하라고 명했습니다.

이때 황태자비 가남풍은 시험문제를 출제한 장홍에게 뇌물을 주어 편지의 내용을 미리 입수한 다음 답안지를 작성하게 했습니다. 그리고 사마충에게 이를 베껴쓰게 했습니다.

황제와 대신들이 황태자 폐립을 논의하고 있다는 정보를 친정 아버지 가충으로부터 전해 듣고 미리 손을 썼던 것입니다.

무제는 문제지가 유출되었다는 사실을 모른 채 매우 만족스러워했습니다. 이후 사마충의 황태자 자리는 확실히 굳어졌습니다.

황태자비 가남풍은 중국 역사상 3대 악녀 중 한 명으로 꼽힙니다. 사마충과의 사이에 자녀가 없었던 그녀는 질투심으로 여러 사람을 죽였습니다. 심지어 사마충의 아이를 임신한 여인에게 창을 던져서 유산시킨 적도 있었습니다. 그러던 중 사마충은 후궁을 통해 장남 사마휼을 얻었습니다. 사마염은 손자인 사마휼이 총명함을 보이자 안심하고 사마충을 후계자로 정했습니다.

290년 무제 사마염이 죽고 사마충은 32세에 황제로 즉위했습니다. 그가 바로 혜제(惠帝)입니다. 그는 중국 역사에서 가장 무능한 군왕으로 불립니다. 능력이 부족한 데다 황궁에서만 자란 그는 세상 물정을 모르기로 유명했습니다.

어느 해 흉년이 들어 백성들이 쌀이 없어 굶어 죽어간다는 보고가 올라오자 혜제는 "쌀이 떨어졌으면 고기죽을 먹으면 될 텐데 왜 그것을 먹지 않느냐?"라고 되물을 정도였습니다.

국정을 장악하지 못한 혜제를 대신해 황후 가남풍이 실세가 되어 가씨 정권을 형성했습니다. 그녀는 뛰어난 정치 수완과 가씨 집안의 든든한 지원을 배경 삼아 무려 10년이나 실권을 잡았습니다. 자녀가 없었던 가황후는 자신의 동생이 낳은 아들을 양자로 받아들였습니다. 그리고 황태자 사마휼이 자랄수록 아버지와 달리 총명한 자질을 보이자 그를 제거하려 했습니다.

이러한 가황후의 행보에 위협을 느낀 사마휼은 스스로를 지키기 위해 일부러 어리석은 척 행동했습니다. 하지만 가황후는 그에게 모반 누명을 씌우고 299년 12월, 황태자를 폐하고 서민 신분으로 강등시켰습니다. 실세인 가씨 정권을 무너뜨릴 기회만 보아온 사마씨 황족들은 이때를 놓치지 않았습니다. 이제 가황후가 그녀의 양자를 황태자로 세울 것이 뻔했기 때문입니다.

조왕 사마륜과 제왕 사마경은 거사를 일으킬 명분이 생기기만 노리고 있었습니다.

몇 달 후인 300년 3월 드디어 기회가 왔습니다. 서민이 된 사마휼의 사망 사건이 일어났던 것입니다. 가황후가 평소 내통하던 태의령 정거와 모의하여 독을 탄 약을 사마휼에게 마시게 했는데, 영특한 사마휼이 눈치를 채고 마시려 하지 않자, 약 찧는 절구공이로 쳐서 죽인 사건입니다.

사마륜과 사마경은 곧바로 군사를 일으켜 먼저 가씨 정권의 중심인물들을 모두 숙청했습니다. 그리고 가황후가 이를 알아차리기 전에 조서를 위조해 황태자를 죽인 죄를 물어 그녀를 황후 자리에서 폐위하고 금용성에 가두어버렸습니다. 그러고는 닷새 후 금설주(金屑酒)를 마시고 스스로 목숨을 끊게 했습니다. 금설주는 금가루를 넣은 술로, 고대의 제왕들이 죄를 지은 신하들에게 자살을 명하며 함께 내리는 술입니다.

사마륜은 이에 만족하지 못하고 301년 정월, 혜제를 내쫓고 스스로 황제의 자리에 올랐습니다. 그는 자신이 신임하는 인물만 관리로 삼았기 때문에 친인척은 물론 그의 노비나 심부름꾼들까지도 고위직에 올랐습니다. 나머지 공모자들도 다 파격적으로 승진했는데 너무 많아 다 기록할 수 없을 정도였습니다.

그래서 조회 때마다 초선관(貂蟬冠)을 쓰고 있는 고관들이 어

전에 가득 앉아 있었습니다. 춘추 시대부터 내려온 황실의 법도에
따라 황제의 측근 신하들은 모자 옆면에 담비[貂] 꼬리를 달고, 이
마 쪽에는 매미[蟬] 날개같이 생긴 얇은 장식을 붙였습니다. 이것
을 초선관이라고 하는데 황제의 총애와 신뢰를 받고 있다는 증표
로 황제의 허가가 있어야 달 수 있었습니다. 그런데 갑자기 관리들
이 늘어나 담비 꼬리가 부족해지자 개 꼬리로 이를 대체했습니다.

당시 사람들은 이 꼴을 보고 비아냥거리며 말했습니다.

"담비가 모자라니, 개 꼬리가 대신하는구나[狗尾續貂]."

족제비와 비슷한 담비의 털은 부드럽고 광택이 나서 최고급 모
피와 붓의 재료로 사용되고 있었습니다. 흔하고 질이 떨어져 쓸모
없는 개 꼬리털과는 비교도 안 되었습니다.

개 꼬리로 담비 꼬리를 대신한다는 뜻의 구미속초(狗尾續貂)는

자질이 부족한 사람을 높은 벼슬자리에 앉히거나 불필요하게 관직을 늘리는 것을 비유할 때 씁니다.

사마륜이 사람들의 환심을 사기 위해 법도에 맞지 않는 은전을 축내는 바람에 이후 나라의 창고에는 비축한 물품이 채워지지 않아 상을 내릴 수도 없었습니다. 또 금과 은이 부족해 관인이 없는 관리들도 있었습니다.

그래서 뜻있는 선비들은 그의 밑에서 관료가 되는 것을 수치스럽게 생각했고, 백성들은 사마륜도 제 명을 다하지 못할 것이라고 입을 모았습니다.

결국 권력을 독차지한 사마륜에게 불만을 품은 사마경은 사마애, 사마영 및 하간왕 사마옹과 공모하여 군사를 일으켜 사마륜을 죽이고 혜제를 복위시켰습니다. 백성들의 예상대로 된 것입니다.

비 슷 한 뜻 의 한 자 성 어

● **인사만사** 人事萬事 | 사람 인, 일 사, 일만 만, 일 사
사람의 일이 곧 모든 일이라는 뜻으로, 알맞은 인재를 알맞은 자리에 써야 모든 일이 잘 풀림을 이르는 말.

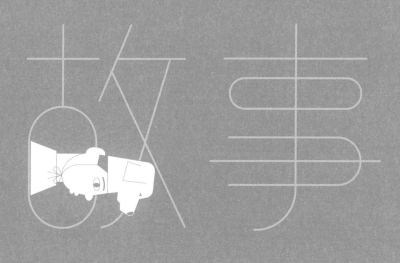

故事

事

6장　　　사고의 틀에
　　　　갇히지 마라

成語

 **시대의 변화에 맞게
나라를 다스려라**

刻 舟 求 劍
각 주 구 검

刻 새길 각　**舟** 배 주　**求** 구할 구　**劍** 칼 검

전국 시대에 한(韓)나라 출신 여불위(呂不韋)라는 큰 장사꾼이 있었습니다. 그는 여러 나라를 돌아다니며 물건을 싸게 사서 비싸게 팔아 많은 재산을 모았습니다.

　그는 물건을 팔기 위해 상공업이 발달하고 유행의 도시로 알려진 조(趙)나라의 수도 한단(邯鄲)을 자주 방문했습니다. 그러던 어느 날 우연히 길거리에서 인상 깊은 풍모의 젊은이를 발견했습니다. 바로 조나라에 볼모로 잡혀와 있던 진(秦)나라의 왕자 자초(子楚)였습니다.

당시 진나라와 조나라는 전쟁이 잦았습니다. 두 나라의 관계가 나빠지자 조나라는 자초를 제대로 대접하지 않고 냉대했습니다. 이 사실을 알게 된 여불위는 자초의 처지를 동정하는 척하며 경제적 도움을 주어 자초의 신임을 얻었습니다. 자초를 걸고 인생 최대의 거래를 시작했던 것입니다.

그의 머릿속에는 진나라 소왕의 손자이자 태자의 아들인 자초를 잘 대우해두면 나중에 큰 이익을 볼 것[奇貨可居]이라는 속셈이 있었습니다.

고사성어 속 고사성어

기화가거 奇貨可居 | 기이할 기, 재물 화, 옳을 가, 차지할 거
'진기한 보물은 일단 사서 잘 간직해두는 것이 좋다'는 뜻으로, 나중에 큰 이익을 얻을 수 있는 좋은 기회를 놓치지 말아야 함을 이르는 말.

여불위는 집에 돌아가 아버지한테 물었습니다.

"땅을 사두면 얼마나 이익을 볼 수 있습니까?"

그의 아버지가 대답했습니다.

"열 배 정도 되지."

"진주나 보석에 투자하면 어떤가요?"

"그건 백 배가 넘을 것이다."

"그럼 주목받지 못하는 사람을 왕으로 세우고 천하의 재물을 소유하게 해주면요?"

그의 아버지는 고개를 내저으며 말했습니다.

"그건 계산하기조차 어려울 만큼 큰 이익이 될 것이다."

여불위는 아버지의 말을 듣고 과감하게 투자하기로 마음먹었습니다.

드디어 자초를 만난 여불위가 말했습니다.

"제가 반드시 진나라에서 공자님을 불러들이게 하고 태자의 자리에 오르도록 하겠습니다. 그러면 장차 공자님은 진나라의 주인이 될 텐데 제 생각이 어떻습니까?"

자초는 깜짝 놀라며 기쁨을 감추지 못하고 말했습니다.

"그건 내가 꿈에서나 바라던 일인데 정말 그런 날이 온다면 그 은혜는 잊지 않을 것이오."

여불위는 바로 진나라로 떠났습니다. 그는 그간 모아둔 막대한 재물로 진나라 태자 안국군의 측근을 매수했습니다. 그들은 여불위의 요청에 따라 안국군을 설득해 조나라에 볼모로 잡혀 있던 자초를 불러들이게 했습니다.

안국군에겐 아들이 20여 명이나 있었지만 그가 가장 총애하는 화양(華陽)부인에게서 낳은 자식은 한 명도 없었습니다. 이를 기회로 여불위는 화양부인의 환심을 사 자초를 양자로 들이도록 계략을 세웠습니다. 이 계획을 들은 자초는 일이 성공할 경우 여불위와 진나라를 나누어 가지기로 약속했습니다.

여불위는 화양부인의 언니에게 온갖 진귀한 보물들을 보낸 후 화양부인을 설득하도록 부탁했습니다.

"자초는 사람 됨됨이가 어질고 지혜가 있으며 널리 천하의 명사들과 교제하고 있습니다. 무엇보다 부인을 하늘처럼 우러른다고 말할 정도로 흠모하고 있습니다. 자초에게 부인은 어머니와 같아서 부인을 생각할 때마다 눈물을 흘린답니다. 하지만 부인께서는 태자의 총애를 한몸에 받고 계시나 자식이 없습니다. 장차 부인을 총애하는 태자께서 세상을 떠나면 어쩌시려고 양자를 들이지 않으십니까? 공자들 중에 현명한 자를 양자로 삼아 그가 왕위에 올라야만 부인의 세력이 유지될 것입니다."

안 그래도 자신의 노후를 걱정하고 있던 화양부인은 언니의 충고를 받아들였습니다. 그래서 안국군을 설득하여 자초를 후사로 삼기로 약조를 받아냈습니다.

이로써 자초는 볼모 신세에서 일약 태자의 양자 신분이 되어 그 명성이 차차 제후들 사이에서 높아지기 시작했습니다.

그 무렵 여불위는 빼어난 미모에 춤을 잘 추는 한단의 여인과 살기 시작했습니다. 얼마 되지 않아 자초가 여불위의 초대로 그의 집을 방문해 술을 마시다 그 여인을 보고 반해 자신에게 달라고 했습니다. 여불위는 처음에는 화를 내는 척했으나 이 또한 투자라 생각하고 자초에게 그 여인을 바쳤습니다. 그녀는 여불위의 아이를 임신한 것을 숨기고 자초와 혼인한 후 아들을 낳았습니다. 이름을 정(政)이라 붙였는데 이 아이가 바로 훗날 중국을 최초로 통일한 진시황제가 됩니다.

진나라 소왕이 죽고 안국군이 왕위에 올라 효문왕(孝文王)이 되었습니다. 그때 나이가 무려 53세였습니다. 효문왕은 화양부인을 황후로 삼고 약조대로 자초를 태자로 책봉하고는 즉위한 지 3일 만에 병으로 죽었습니다. 드디어 자초가 왕이 되는 꿈같은 일이 벌어졌습니다. 그가 바로 장양왕(莊襄王)입니다.

장양왕은 여불위를 승상으로 삼고 낙양의 10만 호를 식읍(食邑)으로 주었습니다. 장양왕도 즉위 3년 만에 죽고 열세 살 태자 정이 그 뒤를 이어 왕이 되었습니다. 이제 세상을 떠돌던 장사꾼 여불위는 전국 시대 최강국 진나라에서 가장 큰 권력을 가지게 되었습니다.

하지만 여불위에 대한 민심이 좋지 않았고 조정의 중신들도 속으로 불만을 가지고 있었습니다. 여불위는 사람들의 마음을 사로잡을 수 있는 방안을 찾기 위해 문객들과 논의했습니다. 이때 한 사람이 말했습니다.

"공자가 깊이 있는 학자요, 스승으로 존경받고 있는 것은 그가 《춘추(春秋)》라는 책을 썼기 때문입니다. 또 손무(孫武)가 《손자병법(孫子兵法)》이란 병서를 쓰지 않았다면 오나라의 대장군이 되었겠습니까? 책을 써서 이름을 널리 알리는 것이 제일 좋은 방안이라고 생각합니다."

여불위 휘하에는 막대한 재력으로 불러모은 3000여 명의 식객들이 있었습니다. 그는 당장 그들을 동원해 고대부터 그때까지 정치·경제·사상·문화·역사 등을 총망라한 방대한 백과사전식 책을 펴냈습니다. 진나라의 통치 이념인 법가 사상을 중심으로 여러 사상가의 학설과 설화를 모은 사상서였습니다. 그러고는 마치 자기가 저술한 것인 양 '여씨춘추(呂氏春秋)'라고 이름지었습니다.

그는 이 책에 대한 자부심이 커서 책을 수도 함양성(咸陽城) 성문에 붙이고는 '이 책의 문장들 중에 한 글자라도 보태거나 한 글자라도 줄일 수 있는 사람에게는 천 금을 상으로 내릴 것이다[一字千金]'

고사성어 속 고사성어

일자천금 一字千金 | 한 일, 글자 자, 일천 천, 쇠 금
한 글자에 천 금의 가치가 있다는 뜻으로, 뛰어난 글을 칭찬할 때 쓰는 말.

라는 방을 내걸었습니다. 당시 내로라하는 문장가들이 《여씨춘추》의 문장에 손을 대려고 했지만 한 글자도 고치지 못했습니다.

이렇게 화려하게 출간된 《여씨춘추》에 다음 이야기가 실려 있습니다.

어떤 초(楚)나라 사람이 배를 타고 양자강을 건너고 있었습니다. 그는 뱃전에 걸터앉았다가 허리춤에 차고 있던 칼을 강물에 빠트리고 맙니다. 강이 너무 깊어서 칼을 건질 수 없자 그는 갑자기 배에 칼자국을 내면서 말했습니다.

"이 지점이 내 칼을 빠트린 곳이다."

배가 강기슭에 다다르자 그는 그 칼자국이 새겨진 곳을 따라 물에 들어가 칼을 찾으려다 사람들의 비웃음을 샀습니다.

비록 한 편의 우스운 이야기지만 새로운 시대를 열고자 했던 여

불위의 강한 의도를 엿볼 수 있습니다.

이 이야기 뒷부분에 다음과 같은 말이 덧붙어 있습니다.

"지나간 옛법만 가지고 나라를 다스린다면 초나라 칼잡이와 다를 것이 없다. 시대는 변했는데 법은 그대로라면 나라를 다스리는 것이 얼마나 어렵겠는가?"

'배에 새겨 칼을 찾다'는 뜻의 각주구검(刻舟求劍)이라는 말은 '시대의 변화에 올바로 대처하지 못하는 고지식하고 용통성 없는 것'을 비유하는 말로 쓰입니다.

비 슷 한 뜻 의 한 자 성 어

- **수주대토** 守株待兎 | 지킬 수, 그루터기 주, 기다릴 대, 토끼 토
  그루터기를 지켜보며 토끼가 나오기를 기다린다는 뜻. 한 가지 일에만 얽매이거나 되지도 않을 일을 공연히 고집하는 것을 이르는 말.

- **교주고슬** 膠柱鼓瑟 | 아교 교, 기둥 주, 연주할 고, 비파 슬
  거문고 기둥을 아교로 붙여 연주한다는 뜻. 터무니없는 방법으로 일을 꾸려나가려는 우둔함 또는 용통성이 없고 고지식함을 이르는 말.

22 알면 두렵지 않다

杞 憂

기 우

杞 나라 이름 기   憂 근심 우

중국 춘추 시대 약소국인 기(杞)나라에 유난히 걱정이 많은 사람이 살았습니다.

그는 '하늘이 무너지면 어쩌나, 땅이 꺼지면 어쩌나' 하며 자기 몸이 의지할 데가 없어지는 것이 걱정되어 잠도 못 자고 음식도 먹지 못했습니다.

또 그가 걱정하는 것을 걱정하는 친구가 있었습니다. 이 친구는 그 사람에게 찾아와 이렇게 깨우쳐주었습니다.

"여보게 친구, 하늘이란 기가 쌓여서 이루어진 것일세. 사실 기가 없는 곳이란 어디에도 없지. 우리는 매일 숨쉬고 하루 종일 하늘 아래서 다니기도 하고 멈추기도 한다네. 그런데 어째서 하늘이 무너져내릴 것을 걱정하는가?"

그 사람이 여전히 근심스러운 얼굴로 말했습니다.

"자네 말대로 하늘이 과연 기가 쌓여 이루어진 것이라면 해와 달과 별들은 당연히 떨어지지 않겠나?"

친구가 대답했습니다.

"해와 달, 별들도 마찬가지로 기가 쌓여서 이루어진 것 중에 광채를 가진 것들이네. 혹시 떨어진다고 해도 다치는 일은 없을 테니 걱정 말게."

그 사람이 또 말했습니다.

"그럼 땅은 꺼지지 않을까?"

그러자 친구는 웃으면서 대답했습니다.

"그것도 아무 걱정할 것 없다네. 땅은 흙덩이가 쌓여 이루어진 것이니 말이야. 온 세상 사방의 틈이 완전히 막혀 있어서 흙덩이가 없는 곳은 없지. 그러니 마치 머뭇거리거나 걷거나 밟거나 발을 구르는 것처럼 하루 종일 땅 위에서 다니거나 서 있어도 괜찮지 않은가? 그것이 꺼질 리 없으니 쓸데없는 걱정 그만하고 일어나 먹고 자고 하게."

그제야 기나라 사람은 의문이 시원하게 풀려 크게 기뻐했습니

다. 그를 걱정해주던 친구 역시 염려가 사라져 크게 기뻐했습니다.

전국 시대 사상가 열자(列子)는 이야기를 듣고 웃으면서 말했습니다.

"천지가 무너질지 무너지지 않을지는 사람이 알 도리가 없다. 천지가 무너지지 않는다고 한 사람 역시 옳지 않고 무너진다고 한 사람 역시 옳지 않다. 그러나 무너진다고 한 사람이나 무너지지 않는다고 한 사람의 말에는 모두 일리가 있다. 그러므로 사는 것은 죽는 것을 모르고 죽는 것은 사는 것을 모른다. 앞날은 지난날을 모르고 지난날은 앞날을 모른다. 천지가 무너지고 안 무너지는 것을 우리가 어찌 알 수 있겠는가."

   《열자(列子)》〈천서편(天瑞篇)〉에 나오는 이야기로, '기나라 사람의 근심'이라는 뜻의 기우(杞憂)는 일어나지 않을 일에 지나친 걱정을 하는 것을 비유합니다.
   당시 사람들의 우주관은 현재와는 많이 달랐습니다. 천지는 '태시(太始)'라는 혼돈된 상태에서 변화를 거쳐 우주가 되었고 우주는 기(氣)를 낳았으며 기가 밝고 가벼운 것은 하늘, 무겁고 탁한 것은 땅을 이룬다고 여겼습니다. 반면 오늘날 사용하는 우주(宇宙)라는 말에는 무한한 만물과 공간뿐 아니라 시간까지 포함하고 있습니다.

비 슷 한 뜻 의 한 자 성 어

● 기인지우 杞人之憂 | 나라 이름 기, 사람 인, 어조사 지, 근심 우
  기우의 본딧말로 '기나라 사람의 군걱정'이란 뜻. 쓸데없는 군걱정, 헛걱정, 무익한 근심을 말함.

23 자기가 보고 싶은 것만
보는 어리석음

群 무리 군   盲 눈멀 맹   撫 어루만질 무   象 코끼리 상

인도의 경면왕(鏡面王)이 어느 날 맹인들에게 코끼리라는 동물에 대해 알려주려고 그들을 궁중으로 초대했습니다.

왕은 신하를 시켜 코끼리를 끌어오게 한 후 맹인들에게 만져보게 했습니다. 맹인들은 저마다 코끼리의 발, 꼬리 끝, 꼬리 중간 부분, 배, 옆구리, 등, 귀, 머리, 상아, 코를 더듬으며 만졌습니다.

그러고는 자신들이 만진 부위를 근거로 코끼리의 생김새를 설명하며 서로 자신이 옳고 다른 사람은 거짓이라고 다투었습니다. 신하는 그들을 데리고 왕의 처소로 갔습니다.

경면왕이 맹인들에게 물었습니다

"코끼리가 무엇처럼 생겼던고?"

발을 만진 사람이 왕에게 말했습니다.

"왕이시여, 코끼리는 옻칠한 대나무 바구니같이 생겼습니다."

이어서 꼬리 끝을 만진 사람은 빗자루처럼 생겼다고 하고, 꼬리 중간 부분을 만진 사람은 지팡이처럼 생겼다고 하고, 배를 만진 사람은 북처럼 생겼다고 하고, 옆구리를 만진 사람은 벽처럼 생겼다고 말했습니다. 또 배를 만진 사람은 높은 책상같이 생겼다고 하고, 귀를 만진 사람은 곡식의 쭉정이를 골라내는 키처럼 생겼다고 하고, 머리를 만진 사람은 바윗덩어리처럼 생겼다고 하고, 상아를 만진 사람은 뿔처럼 생겼다고 말했습니다. 그리고 코를 만진 사람이 말했습니다.

"왕이시여, 코끼리는 마치 큰 밧줄과 같이 생겼습니다."

그러자 맹인들은 다시 왕 앞에서 서로 자신의 의견이 맞다며 옥신각신했습니다.

경면왕이 웃으며 말했습니다.

"우리도 이 맹인들과 다를 게 없소. 불경을 읽고 진리를 깨달았다고 말하지만, 그것은 일부만 이해한 것에 불과하오."

군맹무상(群盲撫象)이란 '맹인들이 코끼리를 만진다'는 뜻으로

사물을 자신의 좁은 소견과 편견으로 잘못 판단하는 것을 비유하는 말로 쓰입니다.

불교를 상징하는 대표적 동물이 코끼리입니다. 육지 동물 중 가장 큰 동물인 코끼리는 위용과 덕을 상징합니다.

석가모니의 어머니 마야부인은 흰 코끼리가 품 안으로 들어오는 태몽을 꾸었다고 합니다. 이것이 코끼리가 불교의 상징으로 자리 잡게 된 유래입니다.

사찰이나 불전의 조각상을 보면 석가모니 왼쪽에는 문수보살이, 오른쪽에는 보현보살이 세워져 있습니다. 문수보살은 석가모니의 지혜를, 보현보살은 석가모니의 자비를 상징합니다. 자세히 보면 문수보살은 사자를 타고 있고 보현보살은 바로 6개의 어금니가 있는 흰 코끼리를 타고 있습니다. 경전을 싣고 서쪽에서 동쪽으로 왔다고 해서 코끼리는 덕망 있고 존귀한 사람이 타는 동물로 알려져 있습니다.

원래 군맹무상이란 말은 불교의 진리를 표현하는 말이었습니다. 모든 중생이 석가모니를 이해하려고 하지만, 부분적으로밖에는 알 수 없다는 것입니다.

부분에 얽매여 실체를 보지 못하는 것을 빗대어 '장님이 코끼리 만지는 격'이라고도 합니다. 나아가 이 말에는 다른 사람들의 생각을 존중하고 수용하면 점차 전체를 바라볼 수 있는 안목이 생긴다는 교훈도 담고 있습니다.

비슷한 뜻의 한자성어

● **군맹평상** 群盲評象 | 무리 군, 눈멀 맹, 평할 평, 코끼리 상
여러 맹인들이 코끼리를 평하다는 뜻으로, 어리석은 사람들이 자기 주관에만 치우쳐 큰일을 그릇되게 판단한다는 의미로 쓰임.

24 허세와 어설픈 관용

宋 襄 之 仁

송 양 지 인

宋 나라 이름 송　襄 도울 양　之 어조사 지　仁 어질 인

송(宋)나라 양공(襄公)은 기원전 652년 봄, 아버지 환공(桓公)이 사망하자 그 뒤를 이어서 송나라의 20대 군주가 되었습니다.

송나라는 은나라의 왕족인 미자(微子)가 봉토로 받은 땅에 세운 제후국입니다. 은나라가 주나라에 멸망당한 후 하늘에 드리는 제례 의식을 이어갈 수 있도록 주나라에 요청했고, 이를 받아들인 주나라 무왕(武王)의 배려로 송나라를 세울 수 있었습니다.

송나라는 춘추 시대 초기만 하더라도 제후국들 사이에서 가장 높은 위치에 있었습니다. 하지만 이후 제나라·진나라·초나라가 강

164

성해지면서 뒤로 밀려나게 되었습니다.

천자국이었던 은나라 왕족의 후예로서 자부심이 컸던 양공은 송나라를 다시 강대국으로 만들려는 야심을 가지고 있었습니다. 그는 즉위한 후 배다른 형인 목이(目夷)를 재상으로 삼았습니다. 목이는 능력이 뛰어났지만 서자 출신이라 왕이 되지 못한 인물입니다.

양공 7년, 송나라 땅에 운석이 비처럼 쏟아졌습니다. 이를 본 양공은 자신이 천하의 패자(霸者)가 될 징조라며 야망을 품기 시작했습니다.

이듬해인 기원전 643년, 제나라는 춘추오패의 첫 패자였던 환공(桓公)이 죽자 극심한 혼란에 빠졌고 여러 왕자들이 왕위계승을 둘러싸고 다툼을 벌이게 되었습니다. 이 다툼에서 패한 제나라 태자 소(昭)는 송나라로 망명하여 도움을 청했습니다.

기원전 642년, 송 양공이 소를 도와 왕위에 앉히니 그가 바로 제 효공(孝公)입니다. 송 양공이 패자국이었던 제나라의 정변에 개입하여 후계자 결정에 큰 역할을 했던 것입니다. 그러자 그는 스스로 패자가 되었다고 생각하고 회맹(會盟)을 자주 소집했습니다. 회맹은 춘추전국 시대에 제후들이 패자를 중심으로 서로 만나 동맹을 서약하는 일입니다. 이때 모인 제후들은 소의 귀를 베어서 그 피로 조약서를 쓰고 피를 나눠 마시는 의식을 행했습니다.

기원전 641년 봄, 송 양공은 녹상(鹿上) 땅에서 회맹하고자 초나라에 제후들을 소집해달라고 요구했고 초나라는 이에 응했습니다. 이때 재상 목이가 만류했습니다.

"우리 송나라처럼 작은 나라가 회맹을 자주 소집하면 결국 화를 불러오게 될 것입니다."

하지만 송 양공은 목이의 말을 듣지 않았습니다. 게다가 송나라보다 훨씬 약소국인 증나라 군주가 회맹에 늦게 참여하자, 송 양공은 그를 삶아 죽이는 만행을 저질렀습니다. 이 일 때문에 송 양공은 제후들 사이에서 신망을 잃었습니다.

이에 개의치 않고 심지어 조(曹)나라의 군주 공공(共公)이 자신을 비난한다는 이유로 조나라를 쳤습니다. 하지만 송나라는 6개월간 크고 작은 전투를 치르면서도 탄탄한 군사력을 갖추고 있던 조나라를 정복할 수 없었습니다. 결국 송 양공은 아무것도 얻지 못한 채 조나라에서 철군해야 했습니다.

그해 가을, 송 양공은 강대국인 초나라, 제나라를 비롯해 여러 나라의 제후들과 우(盂)나라에서 회맹을 열었습니다. 이 자리에서 송 양공은 회맹의 우두머리가 되는 패자로 등극하려고 했습니다. 이때도 목이가 이렇게 건의했습니다.

"대왕의 지나친 욕심이 화를 불러오지나 않을까 염려스럽습니다. 초나라 사람들은 믿을 수 없으니 나가시려거든 꼭 군대를 거느리고 가십시오."

송 양공은 목이에게 "형님, 제가 먼저 군사를 거느리지 말자고 제안했는데 약속을 어길 수는 없습니다"라며 몇몇 신하만 대동하고 회맹에 나갔습니다.

목이의 염려대로 송 양공은 군사를 이끌고 온 초나라 성왕(成王)과 갈등을 빚었습니다. 송 양공이 성왕에게 천자국인 주나라로부터 공(公)의 작위를 받지 못했다고 모욕을 주었고, 화가 난 초 성왕이 군대를 시켜 송 양공을 사로잡아버렸습니다.

양공이 억류되자 송나라에서는 목이가 왕위에 올랐다는 소문이 퍼졌습니다.

몇 개월 후, 초 성왕은 송나라에 내분을 일으키기 위해 박(亳)나라에서 회맹을 열어 여러 제후의 의견을 물은 후 송 양공을 풀어줬습니다. 풀려난 양공은 목이에게 분을 품고 송나라로 돌아왔지만, 목이는 왕위를 차지한 적이 없었습니다. 목이가 왕위에 올랐다고 발표한 것은 사실 양공이 풀려나기를 바란 목이의 계책이었던 것입니다.

기원전 638년 여름, 초나라에 원한을 가지고 있던 송 양공은 약소국 정(鄭)나라를 쳤습니다. 초나라가 패자국이 될 수 있도록 정나라가 도우려 했기 때문입니다. 초나라는 정나라를 구하기 위해 군사를 일으켜 황하의 지류인 홍수(泓水)에서 초나라와 대치했습

니다.

송나라 군대는 홍수의 남쪽에 진을 쳤습니다. 송 양공은 어질고 정의로운 군대라는 의미로 '인의(仁義)' 두 글자를 깃발에 높이 걸었습니다.

이때 초나라 군대는 송나라 군대를 치기 위해 강을 건너기 시작했습니다. 이를 본 목이가 양공에게 말했습니다.

"적은 강한 데다 우리보다 숫자도 훨씬 많습니다. 적을 이기려면 기습 공격밖에 없습니다. 적들이 강을 건너는 중간에 공격하면 이길 수 있습니다."

하지만 양공은 어질고 정의로운 군대는 그런 식으로 공격해서는 안 된다며 절호의 기회에도 불구하고 공격 명령을 내리지 않았습니다.

초나라 군대는 방해받지 않고 무사히 강을 건넜지만 아직 무질서한 상태였습니다. 목이가 다시 한번 양공에게 적들이 대열을 정비하기 전에 공격할 것을 권했지만 양공은 또다시 목이의 요청을 거부했습니다.

초나라 군대가 모두 강을 건너고 제대로 전열을 정비한 다음에야 송 양공은 돌격 명령을 내렸습니다. 하지만 강력한 초나라 군대에 송나라 군은 대패했고, 양공도 넓적다리에 화살을 맞아 부상을 입었습니다.

이 일로 송나라 백성들에게 거센 비난을 받자 양공이 이렇게 말했습니다.

"군자는 부상입은 자를 계속 공격하지 않고 반백이 된 노인을 사로잡지 않는 법이오. 옛 군사작전에 따르면 험준한 지형에 의지해 적과 싸우지 않았소. 아무리 내가 망한 은나라의 후예라지만 대열을 제대로 갖추지 못한 적을 어떻게 공격하겠소? 그것은 불의한 일이오."

이 말을 들은 목이는 화가 나 양공을 나무랐습니다.

"적에게 그런 예의를 차리려면 차라리 싸우기 전에 항복하지 그러셨습니까? 애꿏은 병사들만 목숨을 잃었습니다. 또 소중한 가족을 잃은 백성들에게는 뭐라고 하시겠습니까?"

기원전 637년 여름, 송 양공은 홍수 전투에서 입은 부상이 악화되어 죽고 말았습니다.

이 일화에서 나온 고사성어가 송양지인(宋襄之仁)입니다. '송나라 양공의 어짊'이란 뜻으로 아무런 의미도 없는 어리석은 대의명분에 얽매여 지나친 인정을 베풀다 도리어 해를 입는 것을 비유합니다.

고사성어 속 고사성어

대의명분 大義名分 | 큰 대, 옳을 의, 이름 명, 나눌 분
원래는 큰 뜻을 위한 도리나 본분이란 뜻. 사람으로서 마땅히 지켜야 할 바른 도리 또는 원대한 목표를 지닌 큰 뜻을 말한다. 그러나 실질적으로는 세상을 향해 내세우는 명분이라는 뜻이 더 강하다.

25 주체적
삶을 살아라

邯 고을 이름 한   鄲 조나라 수도 단   之 어조사 지   步 걸음 보

기원전 290년경, 전국 시대 조(趙)나라 평원군(平原君)의 식객이었
던 공손룡(公孫龍)이 위(魏)나라의 공자 위모(魏牟)를 찾아갔습니
다. 위모는 원래 공손룡과 친분이 깊었으나 위나라가 망한 후에는
장자를 따랐습니다.

공손룡은 제자백가들 중 논리학을 기반으로 한 명가(名家)를
대표하는 사람이었습니다. 명가는 사물의 명칭과 그 실제 사물의
일치를 논리적으로 연구하고 설파하는 제자백가 중 하나입니다.

어느 날, 공손룡이 백마를 타고 국경을 지날 때였습니다. 관문을 지키던 수문장이 법에 따르면 말을 타고 국경을 넘을 수 없다며 길을 가로막았습니다. 이때 공손룡이 말했습니다.

"백마는 말이 아니오."

황당해하는 수문장에게 공손룡은 다음과 같은 논리로 강변했습니다.

"말[馬]이라는 것은 형태를 말하는 것이고, 희다[白]는 것은 색깔을 말하는 것이오. 색깔은 형태가 아니니 따라서 백마는 말이 아니오. 예를 들어보겠소. 만약 누가 말을 구한다고 하면 황마(黃馬)나 흑마(黑馬)가 모두 올 수 있소. 하지만 백마를 구한다면 황마와 흑마는 올 수 없소이다. 즉, 말은 존재하는 말 전체를 가리키지만, 백마라고 하면 말의 일부만을 가리키는 것이오. 부분은 전체와 같지 않음이 분명하므로, 백마는 순수한 의미의 말과는 다른 게 분명하오."

공손룡의 달변에 넘어간 수문장은 그를 통과시켜주고 말았습니다. 이것이 그의 유명한 백마비마론(白馬非馬論)입니다.

또한 그는 견백동이론(堅白同異論)을 주장하기도 했습니다. 그 논리는 이렇습니다.

"'하얗고 단단한 돌'이라고 할 때, 손으로 인식하는 단단함과 눈으로 인식하는 하얀 것, 그리고 돌이라는 실체가 사람의 의식 속에 한데 어우러져 한 덩이의 희고 단단한 돌로 받아들인다. 하지만 손으로는 단단함만 인식할 뿐 하얀 색깔은 느낄 수 없다. 또 눈으로는 하얀 색깔만 인식할 뿐 단단함은 느낄 수 없다. 이는 서로 분리되는 것으로 단단하고도 하얀 돌의 개념을 동시에 얻을 수는 없다."

이러한 명가의 이론은 새로운 학문의 영역을 개척했지만 허황한 논리로 세상을 어지럽게 만든다는 이유로 장자를 비롯한 도가(道家)의 비판을 받았습니다.

한번은 공손룡이 답답해하는 표정으로 위모에게 물었습니다.

"나는 어려서부터 옛 왕들의 도(道)를 배우고 자라서는 인(仁)과 의(義)를 행하는 데 밝았습니다. '백마비마론'으로 사물의 같음과 다름을 조화시키고 '견백동이론'으로 돌의 단단한 것과 흰 것을 구별했습니다. 세상의 고정관념을 깨트려 뭇 사상가들의 지식체계를 곤란케 하고 뭇사람들의 변론을 궁하게 만들었습니다. 그리하여 나 스스로 지극히 높은 경지에 올랐다고 자부해왔습니다. 그런데 요즘 장자의 말을 듣고 나서는 머릿속이 온통 멍해져 뭐가 뭔지 도무지 모르겠습니다. 나의 논리가 그에게 미치지 못하는 것인지요? 아니면 나의 지식이 그보다 못한 것인지요?"

장자의 학문을 먼저 배운 위모는 공손룡이 아무리 뛰어나다 해도 장자와 견주기엔 그 격차가 너무 크다고 여겼습니다. 그는 팔을 책상에 기댄 채 깊이 한숨을 쉬고는 하늘을 우러러 웃으면서 말했습니다.

"그대는 저 우물 안에 사는 개구리[井底之蛙] 이야기를 듣지 못했나? 그 개구리가 동해의 자라에게 이렇게 말했다네. '나는 사는 게 참 즐거워! 우물 난간에 튀어올라 위에서 폴짝폴짝 뛰놀다가 우물 안으로 들어와 움푹 팬 돌 끝에서 쉬지. 물에 들어가면 두 겨드랑이를 수면에 착 붙이고 턱은 들고 멋진 자세로 헤엄친다네. 장구벌레나 게, 올챙이를 돌아보게. 어디 나만한 존재가 있나? 게다가 물을 독차지하여 우물 속 즐거움을 내 맘대로 누리는 기분은 정말 최고라네. 어디 한번 들어와보지 않겠나?'

동해의 자라는 그 말을 듣고 우물 속에 들어가려다 왼발이 채

고사성어 속 고사성어

정저지와 井底之蛙 | 우물 정, 바닥 저, 어조사 지, 개구리 와
'우물 안 개구리'라는 뜻으로, 세상 물정에 어둡고 시야가 좁음을 나타냄.

이관규천 以管窺天 | 써 이, 대롱 관, 엿볼 규, 하늘 천
'대롱 구멍으로 하늘을 본다'는 뜻으로, 좁은 소견으로 세상을 봄을 말함.

들어가기도 전에 오른쪽 무릎이 우물에 꽉 끼여버렸다네. 자라는 망설이다 뒤로 물러나더니 개구리에게 바다 이야기를 들려주었지. '바다는 천 리의 길이로도 그 넓이를 짐작할 수 없고 천 길 높이로도 그 깊이를 다 표현하기 힘들다네. 하(夏)나라 우(禹)왕 때 10년에 아홉 번이나 홍수가 났어도 바닷물이 더 불어난 건 없었네. 또 은(殷)나라 탕(湯)왕 때 8년에 일곱 번이나 가뭄이 있었지만 바닷물 수위가 내려간 적이 없었다네. 시간과 강우량이 어쩌지 못하는 것, 이것이 동해의 큰 즐거움이라네.'

우물 안 개구리가 이 말을 듣고 깜짝 놀라 크게 당황한 나머지 무엇이 무엇인지 모르게 되었다 하네. 지금 그대가 장자를 넘어서려 한다면 우물 안의 개구리가 가느다란 대롱 구멍으로 하늘을 보고[以管窺天] 송곳을 땅에 꽂아 그 깊이를 재는 꼴이 된다네."

위모는 말을 이어갔습니다.

"약소국 연나라의 작은 시골마을인 수릉에 호기심 많은 젊은이가 살고 있었어. 하루는 조나라의 수도 한단에 다녀온 사람이 이렇게 말했다네. '한단은 상공업이 발달한 큰 도시야. 모든 건축물이 웅장하고 교통도 편리하고 활기가 넘쳐. 내가 가장 놀란 것은 한단 사람들의 걸음걸이였어. 어찌나 품위 있고 우아하던지 걸을 때마다 옥으로 만든 장식물들도 청아한 소리를 내더군.'

젊은이는 이 이야기를 듣고 동경심이 생겨 몇 달간 준비해서 한

단으로 떠났다네. 도착해보니 과연 소문대로 한단은 크고 화려한 도시였고 사람들의 걸음걸이도 멋져 보였지. 젊은이는 그 걸음걸이를 배우려고 결심하고 밤낮으로 연습했다네. 하지만 아무리 노력해도 한단 사람들 같은 우아한 자세가 나오지 않자 포기하고 돌아가기로 했다네. 그런데 전혀 예상치 못한 일이 생겨버렸어. 예전처럼 손발이 자연스럽게 움직이지 않고 걸음걸이가 우스꽝스럽게 되어버린 것이라네. 연나라식 걸음걸이를 잃어버린 것이지. 결국 그는 엉금엉금 기어서 돌아올 수밖에 없었다네. 그러니 어서 돌아가게. 안 그러면 자네도 그대만의 방법과 본분을 잃어버릴까

두렵네."

위모의 충고를 듣고 공손룡은 허겁지겁 도망쳐 달아났습니다. 이 이야기에서 '맹목적으로 다른 사람을 모방하려다 오히려 자신의 본 모습까지도 잃어버린다'는 의미의 한단지보(邯鄲之步), 즉 '한단의 걸음걸이'라는 말이 유래했습니다. 주체적인 자기 모습을 잃고 함부로 남의 흉내를 내는 지각없는 사람들을 비판하는 말로 쓰이고 있습니다.

비슷한 뜻의 한자성어

● 효빈 效矉 | 본받을 효, 찡그릴 빈
절세미인 서시(西施)가 가슴 통증 때문에 눈을 자주 찡그렸는데 그것마저 아름답게 보이자 시골의 추녀가 그것을 따라 했다는 뜻으로 '덮어놓고 남을 흉내 내는 어리석음'을 비유하는 말.

26 좁은 견문으로 흔한 것을 귀히 여기다

遼 東 豕
요 동 시

遼 멀 요　東 동녘 동　豕 돼지 시

중국 전한(前漢)과 후한(後漢) 사이에 짧게 등장한 나라가 있었습니다. 바로 왕망(王莽)이 세운 신(新)나라로, 9년에 세워져 23년에 멸망했습니다.

왕망은 현실을 무시하는 정책을 펴다 민심을 잃고, 외교 실패로 주변국들의 반감도 많이 샀습니다. 이렇듯 나라가 혼란스러워지자 전국 각지에서 반란이 일어났습니다.

대표적 반란으로는 왕망의 군대와 구별하기 위해 눈썹을 붉게 칠한 적미(赤眉)군과 녹림산에서 일어난 녹림(綠林)군의 반란을 들 수 있습니다. 이는 왕망의 신나라가 멸망하는 큰 원인이 되었습니다.

일개 평민 출신이었던 유수(劉秀)는 세력을 키워 왕망과 적미군 및 녹림군 세력을 평정하고 후한을 세웠습니다. 그가 바로 후한 초대 황제 광무제(光武帝)입니다.

중국 역사상 가장 많은 전투를 치른 황제로 불리는 그에게 주부(朱浮)와 팽총(彭寵)이라는 부하가 있었습니다. 팽총은 유수가 군사를 일으켰을 때 군사 3000명을 이끌고 합류했으며, 물자와 식량을 보급해주는 책임을 맡기도 했습니다. 이후 여러 공을 세워 개국공신의 자리에 올랐습니다.

황제로 등극한 광무제는 공신들에게 작위를 내렸습니다. 이때 주부에게는 유주(幽州)를 다스리게 하면서 팽총에게는 어양태수(漁陽太守)로 임명했습니다. 어양이 유주의 속현이었기 때문에 팽총은 대놓고 불만을 터트렸습니다. 게다가 자신의 부하였던 오한(吳漢)과 왕량(王梁)이 자신과 동등한 지위를 얻자 불만은 더 커졌습니다.

이때 대장군 주부가 곡식 창고를 열어 굶주리는 백성들을 구제하려 했습니다. 이에 어양태수 팽총이 반대하고 나섰습니다. 자신의 공을 제대로 인정해주지 않는다는 것에 불만을 품고 군량을

확보해 반란을 일으킬 음모를 꾸미고 있었기 때문입니다. 주부는 이를 광무제에게 보고했습니다.

화가 치민 팽총이 군사를 일으켜 주부를 치려고 하자 주부는 다음과 같은 글을 보내 팽총을 꾸짖었습니다.

"그대는 스스로 공을 자랑하여 천하에 으뜸이라 여기고 있소. 혹시 이런 이야기를 들어보았소? 예전에 요동 지방에 살던 어떤 농부의 돼지가 새끼를 낳았소. 새끼를 본 농부는 깜짝 놀랐다오. 요동 지방 돼지들은 모두 검은 종밖에 없는데 그 새끼돼지는 머리가 새하얬기 때문이오. 그 농부는 이 특이한 돼지를 아주 특별하고 귀한 것이라 여겨 황제에게 바치려고 했소. 그래서 흰머리 돼지 새끼를 고이 품에 안고 길을 떠났소. 황제에게 바치는 요동의 돼지라는 글이 적힌 깃발을 든 사람, 요란하게 악기를 연주하는 사람들이 그 뒤를 따랐소. 요동은 동쪽 변방 지역이라 수도인 장안까지는 만 리가 넘는 먼 길인데도 농부는 포기하지 않았소. 드디어 장안에서 머지않은 황하의 동쪽 하동 지방까지 와서 하루 머물게 되었는데 거기서 농부는 큰 충격을 받았다오. 하동 지방엔 집집마다 돼지를 키우는데 모든 돼지가 흰머리였던 것이오. 그 농부는 너무 부끄러운 생각이 들어 하동으로 돌아갔다고 하오. 그대가 개국공신으로 세운 공이 있으나 크게 공을 세운 사람이 어디 한둘이겠소? 지금 조정에서 다시 논의해봐야 그저 저 요동의 돼지에 지나지 못함을 알게 될 것이오. 그러니 행여 나쁜 마음을 품는 일이 없도록 하시오."

그러나 주부의 이런 경고에도 불구하고 팽총은 주부를 공격해 승리하고 스스로 연왕(燕王)이라 부르며 반란을 일으켰습니다. 그러나 2년 후 진압되어 역적으로 죽임을 당했습니다.

비슷한 뜻의 한자성어

- **숙맥불변** 菽麥不辨 | 콩 숙, 보리 맥, 아닐 불, 분별할 변
  콩과 보리를 구별 못 함. 어리석고 못난 사람을 비유하는 말.

팽총을 꾸짖던 주부 또한 뒷날 권력남용을 고발당하고 사약을 받고 말았습니다.

이 이야기에서 요동시(遼東豕)라는 말이 나왔습니다. '요동 지방의 돼지'란 뜻으로, 생각이 얕고 식견이 좁으면 하찮은 것도 마치 대단한 것인 듯 착각할 수 있음을 비유할 때 쓰입니다.

남북조 시대의 시문집인 《문선(文選)》〈주부서(朱浮書)〉와 역사서인 《후한서(後漢書)》〈주부전(朱浮傳)〉에 실려 있습니다.

7장　　　　두각을
　　　　나타내는 인재는
　　　　따로 있다

무리 중에 유난히
돋보이는 사람

群 鷄 一 鶴
군   계   일   학

群 무리 군 鷄 닭 계 一 하나 일 鶴 두루미 학

중국의 삼국 시대 위나라 말기 때 일입니다. 조조의 위(魏), 유비의 촉(蜀), 손권의 오(吳) 세 나라가 세력을 다투던 삼국 시대는 마침내 조조의 위나라가 천하를 통일하며 막을 내립니다.

이때 조조와 그의 참모였던 사마의(司馬懿)의 집안은 대대로 긴장과 갈등관계를 이어갑니다.

사마의·사마사·사마소 삼부자는 조조의 후손인 황제를 여러 번 갈아치웠습니다. 조조의 아들 조비가 위나라를 세우고 황제를 칭한 220년부터 사마의의 손자 사마염이 조환의 황제 자리를 빼앗고 진(晉)나라를 세운 265년까지 40여 년 동안 무려 다섯 명의 황제가 집권하며 혼란이 계속되었습니다.

이처럼 대대로 권력을 독점한 사마씨 집안은 정권유지를 위해 자기 뜻에 따르지 않는 반대파들을 가차 없이 살육했습니다. 위나라 말기 지식인들은 황제와 황실의 권력에 충성해야 할지 아니면 실권을 쥔 사마씨 정권에 고개를 숙여야 할지 선택해야 했습니다. 그들 대부분은 피비린내 나는 권력다툼 속에서 살아남기 위해 사마씨 정권에 굴복했습니다.

시대가 혼란스러울수록 지조 있는 선비들이 속세를 떠나 산속으로 들어가 숨어 지내는 경우가 많았습니다. 이때도 그런 인물들이 있었는데 혜강(嵇康)·완적(阮籍)·산도(山濤)·향수(向秀)·유령(劉伶)·완함(阮咸)·왕융(王戎)이 그들이었습니다.

이들은 위나라의 수도 낙양에서 200리 정도 떨어진 운대산(雲臺山)으로 들어가 대나무 숲[竹林] 아래 모여 시를 짓고 술을 즐기면서 호탕하게 살았습니다. 운대산은 유네스코에서 첫 번째로 지정한 세계지질공원으로, 지금의 허난성에 위치하고 있습니다.

속세를 떠난 선비들은 시대적 혼란기에 유교사상은 답이 될 수 없다는 것을 깨닫고 자연을 벗삼는 노장사상을 따르며 세상을 풍자하고 권력을 조롱했습니다. 이들은 대나무 숲에 사는 일곱 명의 현인들이라는 뜻의 죽림칠현(竹林七賢)으로 불렸습니다.

죽림칠현 중 정신적 지주인 혜강은 중국 역사상 손꼽히는 뛰어난 문학가요, 사상가이며 음악가였습니다. 그는 훤칠한 외모에 재능도 빼어났습니다. 일찍부터 학문이 깊고 칠현금 연주와 시 짓기에도 능했습니다. 사마씨 집안을 경멸해 기회만 있으면 그들을 조소하고 풍자했습니다. 조조의 증손녀와 결혼해 황실의 사위가 된 그는 사마씨 정권의 어떠한 회유에도 넘어가지 않았습니다.

사마소가 진나라의 대장군을 맡은 후, 국가권력을 찬탈하기 위해 황제 편에 선 사람들을 잔인하게 죽이는 한편으로, 민심을 안정시키고 지식인들을 회유했습니다. 이런 과정에서 많은 인사들이 사마씨 쪽으로 돌아서고 말았습니다. 그중에는 죽림칠현에서 제일 나이가 많은 산도라는 인물도 끼어 있었습니다.

그는 진나라를 건국하는 데 공을 세워 상서이부랑(尙書吏部郞) 자리에 올랐습니다. 관리 선발 임무의 책임을 맡은 그는 혜강을 조정에 천거했습니다. 혜강은 이를 불쾌히 여기고 관직에 나아갈 수 없는 9가지 이유를 들며 그에게 절교 편지를 보냈습니다. 이것은 사마씨 정권과 선을 긋겠다는 선언이기도 해서 혜강은 정권의 눈 밖에 나게 되었습니다.

바로 이 무렵에 '여안사건'이 벌어졌습니다. 여안(呂安)과 여손

(呂巽) 형제는 죽림칠현은 아니었지만 모두 혜강과 뜻을 같이한 친구들이었습니다. 하지만 여손은 나중에 사마씨 정권의 회유에 따라 사마소의 부하가 되었습니다.

여손은 배다른 동생 여안의 아름다운 아내에게 욕심이 생겨 강제로 불륜을 저질렀습니다. 이 일을 알게 된 여안이 크게 분을 품고 형을 관청에 고발하려고 했습니다. 이때 혜강은 두 사람 사이에서 갈등을 조정해주었습니다.

하지만 여손은 여안이 모친을 때렸다며 불효죄로 그를 고발했습니다. 당시 사마소 정권은 '효로 천하를 다스리겠다'는 통치 이념을 내세웠기에 불효는 큰 죄였습니다. 이후 여안은 사로잡혀 변방으로 유배되었습니다.

혜강이 좋은 뜻으로 둘 사이를 조정해주었는데 도리어 여안이 누명을 쓰고 고초를 당하게 되자, 혜강은 여안이 무죄임을 증언하고 비열한 여손에게 〈여여장제절교서(與呂長悌絶交書)〉를 보내 절교를 선언했습니다. 그런데 이 절교서를 누군가 문제 삼았습니다. 그가 바로 사마씨 정권의 최측근인 장군 종회(鍾會)였습니다.

종회는 어릴 때부터 머리가 좋고 학문이 뛰어났습니다. 그는 평소 문학가로 명성이 높았던 혜강에게 경외심을 갖고 있었습니다.

한번은 자신이 지은 《사본론(四本論)》이라는 책을 혜강의 집 문안으로 던져넣고 도망간 적이 있었습니다. 혜강에게 자문을 구하고 싶었으나 그의 평소 성품을 잘 알기에 차마 만날 용기가 없었던 때문입니다. 그때 혜강이 아무런 반응을 보이지 않자 종회는 크게 실망했습니다.

그 후 제갈탄의 반란을 진압하는 공을 세워 사마소의 심복이 된 종회는 한 번 더 혜강을 찾아갔습니다. 이번에는 무리를 이끌고 당당하게 찾아갔습니다.

그때 혜강은 평생 취미였던 대장장이 일을 하고 있었습니다. 혜강은 이번에도 종회에게 눈길 한 번 주지 않고 묵묵히 쇠를 불리는 데만 집중했습니다. 또 한 번 무시당한 종회가 떠나려고 하자 혜강이 물었습니다.

"그대는 무엇을 들었기에 이곳까지 왔으며, 무엇을 보았기에 떠나려고 하시오?"

이에 종회가 대답했습니다.

"들을 것을 들었기에 찾아왔고, 볼 것을 보았기에 떠납니다."

이후 종회는 혜강에게 매번 무시당하자 마침내 그에게 앙심을 품게 되었습니다.

그런 상황에서 종회는 여안의 일을 빌미로 혜강을 제거할 계책을 가지고 사마소에게 말했습니다.

"혜강은 제갈량 같은 와룡(臥龍)입니다. 죽이지 않으면 반드시 후환이 따를 것입니다."

사마소는 위나라의 큰 골칫거리였던 촉나라의 제갈량이 떠올라 혜강을 옥에 가뒀습니다.

혜강이 갇히자, 태학 유생 수천 명이 혜강을 풀어주고 자신들의 스승으로 모시게 해달라고 탄원했습니다. 그리고 많은 인사들이 혜강을 따라 함께 감옥에 들어가겠다고 했습니다. 그러나 이것이 도리어 사마소에게 혜강을 죽일 결심을 굳히는 빌미가 되었습니다.

262년 어느 날 오후, 사형장에 선 혜강은 많은 이들 앞에서 초연히 칠현금으로 '광릉산(廣陵散)'이라는 곡을 연주한 후 처형당했습니다. '죽림칠현'의 대표 인물 혜강의 일생은 이렇게 끝이 났습니다. 이때 그의 나이는 39세였습니다.

혜강이 억울하게 형장의 이슬로 사라진 날, 그의 아들 혜소(嵇紹)는 열 살이었습니다. 혜소는 자라면서 아버지를 점점 닮아갔습니다. 이때 죽림칠현 중 한 사람인 산도가 진나라 무제인 사마염에게 그를 추천했습니다.

"《서경》에 '아비의 죄는 자식에게 묻지 않는다'고 했습니다. 춘추 시대의 극결(郤缺)은 그 아비가 반란자였지만 능력을 인정받아 대부가 되어 국정을 이끌지 않았습니까? 혜소는 극결보다 나으면 나았지 못하지는 않습니다. 그를 비서랑에 임명하십시오."

진 무제가 기쁜 마음으로 대답했습니다.

"그대가 추천하는 인재라면 비서랑으로 되겠소? 더 높은 자리를 주겠소."

무제는 혜소에게 비서랑보다 한 등급 위인 비서승이라는 관직을 내렸습니다.

혜소가 처음 낙양에 도착해 입궐하던 날, 어떤 사람이 죽림칠현의 한 사람인 왕융에게 말했습니다.

"어제, 구름처럼 많은 사람 틈에서 혜소를 처음 보았습니다. 기개 넘치고 늠름한 모습은 마치 들판의 고고한 학(鶴)이 닭 무리[群鷄]에 날아와 내려앉은 듯했습니다."

그러자 혜강을 잘 알던 왕융이 대답했습니다.

"자네는 혜소의 아버지 혜강을 본 적이 없어서 그런 말을 하는 것일세. 아들도 훌륭하지만 그 아버지는 아들보다 훨씬 뛰어났다네."

혜소는 아버지가 처형당하는 아픔을 겪었지만 이후 승승장구해 태수(太守)를 거쳐 시중(侍中)까지 올라 황제를 가까이에서 모시게 되었습니다.

그러나 반란군에 의해 황제의 친위부대마저 무너지자 혜소는 도망가거나 항복하지 않고 목숨을 걸고 온몸으로 황제를 지키다 철퇴를 맞고 죽었습니다. 아버지는 위나라의 충신이었고 아들은 진나라의 충신이 되었던 것입니다.

비슷한 뜻의 한자성어

- **발군 拔群** | 뽑을 발, 무리 군
  '무리에서 뽑아냈다'는 뜻으로 가장 뛰어남을 이르는 말.

- **백미 白眉** | 흰 백, 눈썹 미
  촉나라 장수 마량의 오형제는 모두 뛰어났는데 그중에서도 마량이 제일이었다. 마량의 눈썹이 하얬기 때문에 하얀 눈썹, 즉 백미는 가장 뛰어난 사람이나 훌륭한 물건을 이르는 말로 쓰이게 되었다.

- **출중 出衆** | 날 출, 무리 중
  무리 중에 단연 돋보이는 인물이나 그 인물의 놀라운 능력을 이르는 말.

군계일학(群鷄一鶴)은 혜소의 일화에서 유래했습니다. '닭 무리 가운데 한 마리의 학'처럼 많은 사람 중 가장 돋보이고 뛰어난 인물을 비유할 때 쓰이는 말입니다.

28 준비된 자는 당당하게 소리쳐라

毛 遂 自 薦
모 수 자 천

毛 털 모   遂, 이를 수   自 스스로 자   薦 천거할 천

중국 전국 시대 조나라 혜문왕의 동생인 평원군(平原君)은 3000명의 식객을 거느리고 있었습니다.

당시 서쪽의 최강대국 진(秦)나라 소양왕은 조나라 수도 한단을 공격했습니다. 이미 조나라는 앞선 장평대전에서 진나라의 명장 백기에게 40만 대군이 전멸하는 참패를 당한 바 있었습니다. 이에 조나라 효성왕은 급히 남쪽의 강국 초(楚)나라에게 도움을 청하러 평원군을 사신으로 보내기로 했습니다.

이때 평원군이 자신의 식객들에게 말했습니다.

"문서나 평화로운 담판을 통해 목표를 이룰 수 있으면 그보다 좋은 일은 없다. 하지만 그렇지 못할 경우 초나라 왕을 위협해서 궁궐에서 짐승의 피를 나눠 마시는 의식을 행해서라도 반드시 동 맹약속을 받아내야 한다. 수행원은 다른 데서 찾을 필요 없이 우리 식객 중에서 뽑겠다."

평원군은 학문이 깊고 용기 있는 자 20명을 수행원으로 데리고 가려고 했습니다. 그러나 적임자를 뽑고 보니 19명으로 한 사람이 모자랐습니다. 이때 식객 가운데 모수(毛遂)란 사람이 평원군 앞에 나와 말했습니다.

"초나라에 저를 데리고 가십시오."

평원군이 놀라 물었습니다.

"그대는 우리 집에 온 지 얼마나 되었소?"

모수가 대답했습니다.

"3년입니다."

그러자 평원군이 단호하게 말했습니다.

"현명한 선비는 아무리 은둔해 있어도 그 능력이 곧 알려지게 마련이오. 마치 송곳이 주머니 속에 있어도 뾰족한 끝이 튀어나오는 것[囊中之錐]처럼 말이오. 그대가 3년이나 우리 집에 있었으나 나는 그대에 대해서 들은 적이 한 번도 없소. 이는 그대의 능력이

부족하다는 것이니 집에 남아 있으시오."

모수가 물러서지 않고 말했습니다.

"저를 오늘 주머니에 넣어주시지요. 제가 만약 진즉 주머니 속에 들어갔더라면 끝만이 아니라 송곳 전체가 삐져나왔을 것입니다."

평원군은 모수의 말을 듣고 수행원에 포함시켜주었습니다. 나머지 19명이 말은 하지 않았지만 눈짓으로 모수를 비웃었습니다.

하지만 일행이 초나라로 가는 동안 모수는 천하의 형세를 한눈

고사성어 속 고사성어

낭중지추 囊中之錐 | 주머니 낭, 가운데 중, 어조사 지, 송곳 추
'주머니 속에 있는 송곳'이라는 뜻으로, 재능이 뛰어난 사람은 숨어 있어도 저절로 사람들에게 알려짐을 이르는 말.

에 꿰뚫어보는 탁월한 식견으로 19명과 토론을 벌일 때마다 모두 굴복시켰습니다.

드디어 평원군 일행이 초나라에 도착했습니다. 평원군은 초나라 왕과 신하들에게 연합전선을 펴 진나라에 대항했을 때의 유익에 대해 설명하면서 초나라에 원군을 파견해달라고 설득했습니다.

이른 아침부터 시작한 회담은 점심때까지 이어졌지만 초나라 왕이 겁을 내는 탓에 이야기가 겉돌기만 할 뿐 진척이 없었습니다. 19명의 수행원들이 입을 모아 모수에게 부탁했습니다.

"모 선생이 나서야 할 것 같소."

모수는 검을 들고 살금살금 당상 위로 올라가 평원군에게 말했습니다.

"연합전선을 펴는 것은 해가 되든지 이익이 되든지 둘 중 하나입니다. 그것만 판단하면 간단한데 이른 아침부터 낮이 되도록 결말이 나지 않는 게 도무지 이해되지 않습니다."

초나라 왕은 갑자기 나타나 대화 중간에 끼어드는 모수의 행동이 매우 불쾌했습니다. 그가 평원군에게 물었습니다.

"도대체 저 자는 무엇 하는 사람인가?"

"저의 수행원입니다."

평원군의 대답에 초나라 왕은 낯을 붉히며 소리를 버럭 질렀습니다.

"썩, 내려가라. 내가 네 주인과 대화를 나누는데 어딜 감히 끼어 드는 것이냐!"

그러자 모수는 칼자루를 움켜쥔 채 초나라 왕 앞으로 다가가 말했습니다.

"왕께서 제게 호통을 친 것은 초나라 신하들이 많다는 것을 믿고 계시기 때문입니다. 지금 저와 왕 사이의 거리는 열 발짝도 채 되지 않습니다. 이 열 발짝 내에 왕을 도울 만한 초나라 신하가 한 명이라도 있습니까? 지금 왕의 목숨은 제 손에 달려 있는 셈입니다. 제 주인이 바로 앞에 있는데 어찌 저한테 호통을 치십니까? 제가 듣기로 하(夏)나라의 폭군 걸왕을 토벌하고 은(殷)나라를 세운 탕왕(湯王)은 70리의 영토로도 천하의 왕이 되었습니다. 또 주(周)나라의 초대 왕으로 현명하고 어진 군주 문왕(文王)은 100리도 안 되는 영토로 제후들을 신하로 삼았습니다. 이것이 과연 병력이 많아서 가능했던 것일까요? 다 결정적인 기회를 놓치지 않고 분발했기 때문입니다.

초나라는 영토가 5000리나 되고 군사도 100만이나 됩니다. 이는 천하의 주인이 될 자산입니다. 지금 천하에는 초나라에 감히 맞설 나라가 없습니다. 진(秦)나라의 명장이라는 백기는 애송이에 불과합니다. 그러나 수만의 군사를 이끌고 초나라와 싸워 세 번 모두 이겼습니다. 그가 초나라의 400년 역사를 자랑하는 수도 영도를 점령하고 선왕들의 무덤인 이릉을 불태우며 왕의 선조들을 모욕하지 않았습니까? 이는 초나라의 사무친 원한이요, 우리 조나라조차도 수치스럽게 생각하는 일입니다. 그런데도 왕께서는 수치심을 느끼지 못하고 계십니다. 연합전선을 펴는 것이 과연 조나라만을 위한 것이겠습니까? 결국은 다 초나라를 위한 것입니다."

모수의 논리정연한 항변에 초나라 왕은 금세 태도를 바꿨습니다.

"옳소. 들어보니 선생의 말이 다 옳소. 나라의 종묘사직을 걸고 그대의 말을 따를 것이오."

모수가 물었습니다.

"그러면 우리와 연합전선을 펴겠다는 약속을 하시겠습니까?"

"그렇소."

왕의 말이 떨어지자마자 모수는 초나라 왕의 대신들에게 요구했습니다.

"닭과 개, 말을 잡아 희생의 피를 올리시오."

모수는 그 피를 받아 먼저 초나라 왕 앞에 올리고 서약의 표시로 삽혈 의식을 행했습니다. 삽혈은 짐승의 피를 나눠 마시거나 입에 바르며 합종을 맹세하는 의식입니다. 모수는 초나라 왕, 평원군의 순서로 피를 마시게 하고 자신도 마셨습니다.

이로써 조나라와 초나라의 합종 연합전선이 결성되었습니다.

평원군은 조나라로 돌아온 후 이렇게 말했습니다.

"지금껏 천하의 선비들을 하나도 놓치지 않았다고 생각했는데, 미처 모 선생을 발견하지 못했구나. 모 선생은 초나라에 가자마자 우리 조나라를 구정(九鼎)과 대려(大呂)보다 더 무겁게 만들었다. 그의 세 치 혀는 백만의 군대보다 더 강했다."

구정은 세 발 달린 솥, 대려는 큰 종으로 고대 중국 왕권을 상징했습니다. 평원군은 모수를 식객들의 우두머리로 삼았습니다.

평원군이 모수의 도움을 입어 조-초 동맹 결성에 성공하자, 초나라의 춘신군(春申君)이 군사를 이끌고 조나라를 지원했습니다. 이어 위(魏)나라의 신릉군(信陵君)도 군대를 이끌고 조나라를 지원했습니다. 이에 진나라군은 어쩔 수 없이 물러가고 말았습니다.

이 이야기에서 유래한 '모수가 스스로를 천거하다'는 뜻의 모수자천(毛遂自薦)은 인재가 스스로를 추천함을 의미하는 말이 되었습니다.

29 영웅은 한눈으로도 충분하다

獨 眼 龍
독 안 룡

獨 홀로 독   眼 눈 안   龍 용 룡(용)

618년 이연(李淵)이 세운 당(唐)나라는 합리적인 인재등용제도와 효율적인 토지제도의 도입으로 빠르게 성장했습니다. 또한 다양한 문화와 종교 수용, 실크로드를 통한 활발한 교역에 힘입어 역대 어느 왕조보다 더 강력한 나라가 되었습니다.

하지만 755년에 일어난 안록산의 난은 당나라가 번영기에서 쇠퇴기로 급속히 돌아서는 계기가 되었습니다. 이 전란 과정에서 인구가 급감하여 국가 재정이 날로 악화했습니다. 가뭄과 홍수로 인한 대기근과 강화되는 수탈에 시달린 백성들의 크고 작은 반란이 이어졌습니다.

이런 혼란 속에서도 당나라를 버티게 해준 것이 바로 소금이었습니다. 현대에서는 소금이 흔하지만 고대의 소금은 아주 귀한 가치를 지닌 물품이었습니다.

안록산의 난 이후 당나라는 소금을 국가가 독점 판매하여 막대한 조세 수입을 거둬들이고 있었습니다. 시중에 유통되는 소금 값이 30배로 뛰었고 한때 소금 판매 수익은 국가 재정의 절반 이상을 차지하기도 했습니다.

이 때문에 생활필수품인 소금을 반드시 사먹어야 하는 가난한 백성들이 가장 큰 피해를 보았습니다. 자연히 암시장이 형성되고 소금 밀매업자들이 속속 등장했습니다. 그들은 소금을 싼 가격으로 팔아도 거액의 이익을 남겼습니다. 백성의 입장에서는 정부가 판매하는 소금보다 쌌기 때문에 밀매업자들에게 큰 지지를 보냈습니다. 그러자 당나라 조정에서는 소금 밀매업자들을 잡아들이기 시작했습니다.

이런 상황에서 하남성에서 밀매업을 하던 왕선지(王仙之)가 반란을 일으켰고 각지의 밀매업자들이 이에 동참하면서 반란의 규모가 커졌습니다. 이번엔 산동성의 소금 밀매업자들의 두목인 황소(黃巢)가 합세했습니다.

당나라는 재정을 확보하기 위해 소금 밀매업자들을 '소금도적', 즉 염적(鹽賊)으로 부르며 잡히면 사형에 처했습니다. 이처럼 강력한 처벌이 잇따르자 밀매업자들도 사생결단으로 맞섰습니다.

가뭄과 홍수 등 자연재해와 가혹한 수탈과 노역, 굶주림에 시달리던 백성들이 반란에 대거 동참했습니다.

왕선지와 황소는 하남성과 산동성 일대를 점령하면서 점점 그 기세를 드높여갔습니다. 그러던 중 둘은 의견 차이로 분열했고 얼마 못 가 왕선지는 관군에게 죽임을 당했습니다.

이후 황소는 왕선지의 세력을 흡수하여 반란군의 우두머리 충천대장군(衝天大將軍)으로 추대되었습니다. 평민 출신 황소에게 붙여진 충천대장군이라는 이름은 하늘을 찌를 듯한 기세의 큰 장군이란 뜻입니다.

강남 일대를 휩쓴 그는 880년에 60만의 대군을 이끌고 수도 장안으로 진격했습니다.

이 소식을 듣고 당황한 18대 황제 희종(僖宗)은 881년 1월 8일 아침, 장안의 서문인 금광문을 빠져나와 허겁지겁 피난길에 올랐습니다. 거의 비슷한 시간에 금장식 수레를 탄 황소가 대군을 거느리고 백성들의 환호를 받으며 장안의 동문이자 정문인 춘명문(春明門)으로 위풍당당하게 입성했습니다. 그리고 황제의 자리에 올라 국호를 대제(大齊)라 하고 연호를 금통(金統)으로 정했습니다.

성도로 도망간 희종은 절치부심하고 그곳에서 각지의 군대를 재정비했습니다. 그리고 이민족인 돌궐 출신의 용맹한 장수 이극용(李克用)을 등용해 반란군 진압에 투입했습니다.

이극용은 병사 4만 명을 직접 지휘하여 맹렬히 싸웠습니다. 그가 거느리는 군사들은 모두 검은 옷을 입은 데다 하나같이 용맹스러워 반란군들은 부대를 보기만 해도 '갈까마귀떼 군대가 왔다'고 소리치며 매우 두려워했습니다.

그는 말을 탄 채 활을 쏘는 기병대를 앞세워 적진을 공격하는 작전을 펼쳤습니다. 당시 28세로 진압군의 여러 장수들 중에 가장 어린 나이였던 이극용은 장안 탈환의 1등 공신이 되었습니다.

장안에서 탈출한 황소는 추격해온 이극용에 맞서 1년 이상 싸웠으나 패배를 거듭하다 거의 전멸 상태에 빠졌습니다. 884년 6월, 황소는 겨우 1000여 명의 군사를 거느리고 태산(泰山)의 동남쪽 낭호산(狼虎山)으로 도망쳤으나 패하여 스스로 목숨을 끊었고 반란은 진압되었습니다.

당시 사람들은 이민족 출신임에도 조정에 충성을 다하며 자기 절제를 지킨 이극용을 높이 평가했습니다. 이극용이 높은 자리에 오르자 사람들은 그를 독안룡(獨眼龍)이라고 불렀습니다. 이극용이 한쪽 눈을 실명한 장애를 가지고 있었기 때문입니다.

이후 '애꾸눈의 용'이라는 뜻의 '독안룡'은 한쪽 눈의 시력을 잃었지만 높은 덕과 용기를 지닌 용감한 사람을 일컫는 말이 되었습니다.

비 슷 한 뜻 의 한 자 성 어

- **용양호시** 龍驤虎視 | 용 룡(용), 머리들 양, 범 호, 볼 시
  '용처럼 날뛰고 범 같은 눈초리로 쏘아본다'는 뜻으로, 기개가 높고 위엄에 찬 영웅의 태도를 이르는 말.

30

책이
날개 돋힌 듯
팔리다

洛 陽 紙 貴
낙 양 지 귀

洛 강 이름 락(낙)　陽 볕 양　紙 종이 지　貴 귀할 귀

서진(西晉) 시대에 임치 출신 문학가 좌사(左思)라는 사람이 있었습니다. 그는 키도 작고 얼굴이 못생겼으며 말까지 더듬어서 귀족 중심의 사회에서 늘 주변인이었습니다. 그의 용모가 얼마나 추했던지 그가 지나가면 아이들이 그에게 기왓장을 던지곤 했습니다.

한편, 같은 시대에 뛰어난 글솜씨에 용모까지 수려해 사람들의 인기를 한몸에 받았던 반악(潘岳)이란 사람이 있었습니다. 그가 외출할 때면 여자들이 과일을 던져주는 바람에 그의 수레에는 늘 과일이 가득찼다[擲果盈車]고 합니다.

당시에는 여성들이 마음에 드는 남성에게 과일을 건네주는 풍습이 있었는데 과일을 받은 반악과 달리 좌사에게는 기왓장이 날아왔던 것입니다. 하지만 미미한 가문에 추한 용모에도 불구하고 좌사는 탁월한 문학적 재능을 가지고 있었습니다.

> **고사성어 속 고사성어**
>
> **척과영거 擲果盈車 |** 던질 척, 과일 과, 찰 영, 수레 거
> '과일을 던져 수레가 가득찼다'라는 뜻으로 여자들이 잘생긴 남자를 보고 흠모함을 이르는 말.

좌사는 춘추 시대 제나라의 수도였던 임치를 노래한 〈제도부(齊都賦)〉를 지었습니다. 부(賦)란 전국 시대부터 시작된 시와 산문 중간 형태의 문체로 작가의 생각이나 경치를 그대로 드러내보이는 형식의 글입니다. 〈제도부〉는 좌사가 장엄하고 화려한 문체로 1년에 걸쳐 완성한 작품이었지만 알아주는 사람이 없었습니다.

이후 여동생 좌분(左芬)이 궁에 들어가자 좌사는 그 연줄로 수도 낙양으로 거주지를 옮겼습니다.

좌분은 어려서부터 학문을 좋아해 문장력이 좌사 못지않았습니다. 황제 사마염이 좌분의 명성을 듣고 후궁으로 맞아들였습니

다. 재주와 덕을 인정받아 귀빈(貴嬪)까지 되었으나 좌사처럼 얼굴이 너무 못생겨서 황제의 총애를 받지는 못했습니다.

〈제도부〉를 지었던 경험을 바탕으로 좌사는 이때부터 〈삼도부(三都賦)〉 집필을 시작했습니다. 그는 〈삼도부〉를 지어 바로 직전 시대인 삼국 시대 각 나라를 소개하고 위나라의 수도 업(鄴), 오나라의 수도인 건업(建業), 촉나라의 수도인 성도(成都)의 화려함을 노래하고자 했습니다.

좌사는 좋은 구절이나 단어가 떠오를 때마다 기록하기 위해 서재와 침실뿐 아니라 대문과 뜰, 울타리, 화장실, 식탁에까지 종이와 붓과 먹물을 놓아두었습니다.

그는 스스로 소양이 부족하다고 여겨 책을 쓰기 위해 도서를 관

한 뼘 더 깊게

낙양(뤄양)은 어떤 곳?

중국 허난성 북부 황하 유역에 있는 도시. 황허문명의 발상지로 남쪽으로 황허의 지류인 낙수(뤄수이)가 흐르고 있다. 낙양이라는 지명은 낙(洛)에 강의 북쪽을 나타내는 접미사 양(陽)이 붙어서 만들어졌다. 동주 시대 이래 13개 왕조가 도읍으로 삼고 8개 왕조가 제2의 수도로 삼을 만큼 장안(長安)과 더불어 중국을 대표하는 역사 도시다.

리하는 비서랑(秘書郎)이 되었습니다. 비서랑으로 일하면서 위·촉·오 삼국에 관한 다양한 기록들을 찾아 읽으며 〈삼도부〉를 써내려 갔습니다. 그는 쓴 글을 다듬고 또 다듬다가 종이가 새까매지면 다시 써서 붙여두었습니다. 이것을 또 고쳐나갔고, 또다시 써서 붙이기를 10년간 계속한 결과, 드디어 역작 〈삼도부〉를 완성했습니다.

〈삼도부〉는 삼국 시대 세 나라를 대표하는 서촉공자, 동오왕손, 위국선생이라는 가상의 인물들이 이야기를 나누는 독특한 구성으로 되어 있습니다. 세 수도의 웅장함과 화려함을 묘사했을 뿐 아니라 그곳의 민심, 풍물, 지리, 인물까지 명문장으로 기록한 작품이었습니다.

하지만 좌사가 워낙 무명이었던지라 자신의 작품을 알릴 방도가 없었습니다. 그래서 황보밀(皇甫謐)을 찾아갔습니다. '책바보'로 불릴 정도로 읽은 모든 책을 암송했다는 대학자 황보밀은 〈삼도부〉를 한 번 읽어보더니 감탄하며 서문을 써주었습니다.

황보밀의 추천으로 당시 대문학가인 장재(張載)와 유규(劉逵)가 작품의 주석을 달아주었습니다. 그리고 당시 문단의 최고 권위자였던 장화(張華)도 읽고 이렇게 극찬했습니다.

"이 글은 반고(班固)와 장형(張衡)의 작품과 맞먹는 수준이다. 읽는 이가 책을 덮어도 여운이 남고, 오래 읽어도 새로울 것이다."

부(賦) 형식의 작품 중 최고로 꼽히는 〈양도부(兩都賦)〉를 쓴 반고, 〈이경부(二京賦)〉를 쓴 장형과 같은 대문장가들과 비교한 찬사였습니다. 〈양도부〉와 〈이경부〉는 동쪽의 수도 낙양과 서쪽의 수

한 뼘 더 깊게

'부(賦)'란 어떤 형식의 글일까?
본래 《시경(詩經)》의의 표현 방법의 하나로 자신의 생각이나 감상을 느낀 그대로 적는 한시체를 말한다. 조선 시대 과거시험에서 문학적 글쓰기 능력을 평가하는 과문(科文, 과거시험의 문제)의 하나이기도 하다. 형식주의적이고 귀족적 성향을 띤다는 부정적인 시각도 있지만, 한문 문장의 다양한 표현을 발전시켰다고 평가받는다.

도 장안을 묘사한 작품입니다.

이러한 명사들의 평가가 있자 삼도부는 입소문을 타고 금방 유명해졌습니다. 당시 사람들이 앞다투어 〈삼도부〉를 필사하기 시작했습니다. 고대 중국에서 책은 국가나 나랏일을 맡은 특수 계층만 소유할 수 있었기 때문입니다. 인쇄술이 없던 시대라 〈삼도부〉를 얻기 위한 유일한 방법은 바로 필사였습니다.

그 바람에 필사할 종이의 수요가 폭증했고 낙양의 종이가 귀해지자 덩달아 종잇값이 올랐습니다.

이 이야기에서 나온 말이 낙양지귀(洛陽紙貴)입니다. 책이 유명해져서 잘 팔리는 것을 비유하는 말로 쓰입니다.

비슷한 뜻의 한자성어

- **백락일고** 伯樂一顧 | 맏 백, 즐거울 락(낙), 하나 일, 돌아볼 고
'명마(名馬)가 백락(伯樂)을 만나 세상에 알려진다'는 뜻으로, 자기의 재능을 알아주는 사람을 만나 대접을 잘 받음을 이르는 말.

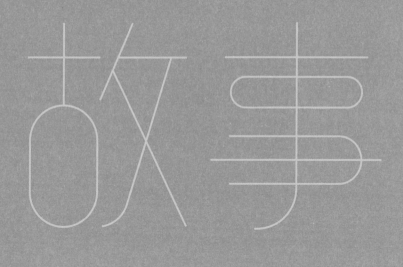

8장   지켜야 할 건
바로 마음

31 움직임은
태산처럼 무겁게

木 鷄 之 德
목　　계　　지　　덕

木 나무 목　　鷄 닭 계　　之 어조사 지　　德 덕 덕

투계(鬪鷄)는 고대부터 유행하던 놀이였습니다. 닭은 사회성이 강한 동물로 그중에서도 수탉들은 자신의 영역에 적이 접근하면 목숨을 걸고 싸웁니다. 이런 수탉의 물러설 줄 모르는 싸움 본능을 이용해 놀이로 만든 것이 투계입니다.

　기원전 8세기 주(周)나라 선왕(宣王)은 투계놀이를 좋아했습니다. 당시 최고의 투계 조련사로 기성자(紀渻子)라는 사람이 있었습니다. 기성자는 그 누구도 따를 수 없는 탁월한 조련술을 가지고 있어 투계를 좋아하는 부자나 권력자들이 그의 단골 고객들이었습니다.

선왕은 최고의 싸움닭을 가지고 싶었습니다. 그래서 기성자를 불러 닭 한 마리를 주며 조련을 주문했습니다. 이때부터 기성자는 최고의 싸움닭을 만들기 위한 조련을 시작했습니다.

열흘이 지나 선왕이 물었습니다.

"이제 투계시합에 출전시켜도 될 만한가?"

기성자가 대답했습니다.

"아직 멀었습니다. 닭이 강해지긴 했지만 교만하여 잔뜩 허세나 부리며 제 기운만 믿고 있습니다. 그 교만을 버리지 못하면 최고가 될 수 없습니다."

이로부터 열흘이 지나 선왕이 같은 질문을 했습니다.

기성자가 다시 대답했습니다.

"아직도 멀었습니다. 이제 교만함은 버렸으나 다른 닭의 소리가 들리거나 그림자만 일렁거려도 지나치게 민감한 반응을 보입니다. 태산 같은 진중함이 있어야 최고가 될 수 있습니다."

그리고 또 열흘이 지났습니다.

선왕이 같은 질문을 하자 기성자가 대답했습니다.

"아직도 멀었습니다. 이제 조급함은 없어졌으나 상대를 노려보는 눈빛이 너무 공격적입니다. 그 눈초리를 버리지 않으면 최고가 될 수 없습니다."

열흘이 지나 왕이 또 물었습니다.

그제야 기성자가 자신 있게 대답하며 선왕에게 닭을 건네주었습니다.

"네, 이제 최고의 싸움닭으로 완성되었습니다. 평정심이 생겨 상대가 아무리 소리 지르고 위협해도 반응하지 않습니다. 멀리서 보면 마치 나무로 만든 닭[木鷄] 같습니다. 이로써 닭으로서의 덕이 완전해졌습니다. 다른 닭들이 감히 대들지 못하고 도리어 달아나버릴 정도입니다."

자신이 제일이라고 으스대지 않고 남의 소리나 위협에 쉽게 반응하지 않으며 누구에게 싸움을 걸고 경쟁하려 들지 않는 목계는 자기 자신을 제어할 수 있는 깊은 내공을 가진 사람의 모습이라 할 수 있습니다.

닭싸움이라고 하면 서로 부리로 쪼아대는 모습을 떠올리기 쉬운데 실제는 그렇지 않습니다. 닭이 싸울 때 쓰는 주 무기는 바로 며느리발톱입니다. 며느리발톱은 땅을 딛는 발가락이 아닌 정강이 뒤쪽에 돌출된 뼈를 말합니다. 수탉의 이것은 나이 들수록 더욱 크고 단단해지며 예리한 칼과 같은 무기가 됩니다.

적을 만나면 목 깃털을 부풀려 위압감을 주고 뛰어올라 며느리발톱으로 세게 걷어찹니다. 투계로 도박을 하는 사람들은 종종 이 며느리발톱에 칼날을 달아 상대 닭에게 치명상을 입히기도 합니다.

최고의 싸움닭은 싸우지 않고도 이긴다는 위의 이야기는《장자(莊子)》〈달생편(達生篇)〉에 나옵니다. 장자 특유의 역설적 표현이 이야기에 잘 담겨 있습니다.

마치《손자병법》의 〈모공편(謀攻篇)〉에 나오는 '백전백승하는 것이 가장 잘하는 것이 아니다. 싸우지 않고 굴복시키는 것이 가장 잘하는 것이다[百戰百勝 非善之善者也 不戰而屈人之兵 善之善者也]' 라는 문장을 떠올리게 합니다.

목계지덕(木鷄之德)은 어떠한 상황에서도 흔들리지 않고 자신의
감정을 잘 다스릴 수 있는 능력을 비유할 때 쓰입니다.

비 슷 한   뜻 의   한 자 성 어

- 물령망동 정중여산 勿令妄動 靜重如山 ┃ 말 물, 하여금 령(영), 망령될 망, 움
직일 동, 고요할 정, 무거울 중, 같을 여, 뫼 산
  '함부로 가볍게 움직이지 말고, 산같이 무겁고 신중하게 행
  동하라'는 뜻. 1592년 5월 7일. 임진왜란 중 첫 출전한 옥포해
  전(玉浦海戰)을 앞두고, 이순신 장군이 부하들에게 명령한 말
  이다.

32 하찮고 보잘것없는 인생

九 牛 一 毛
구   우   일   모

九 아홉 구 牛 소 우 一 하나 일 毛 털 모

동아시아 지역 최고의 역사가로 손꼽히는 사마천은 전한 시대 사람으로 기원전 145년 중국 섬서성 용문에서 태어났습니다. 그 지역의 유지였던 아버지 사마담(司馬談)은 대대로 이어온 '사관'의 전통을 잇기 위해 당대에 성행하던 제자백가 사상을 두루 섭렵하는 등 공부에 매진했습니다.

그는 아들 사마천이 여덟 살 되던 해 마침내 천문, 제사, 역법, 역사기록을 담당하던 태사령(太史令)에 올랐습니다. 태사령이 된 후 장남 사마천을 자신의 후계자로 키우기 위해 훈련을 시작했습니다.

사마천은 10세 때부터 고대 경전을 암송하고, 17세에 당시 최고의 유학자 동중서(董仲舒)에게 《춘추》 등 역사철학을 배웠으며, 20대에는 중국 전역으로 답사여행을 다니며 역사가로 키워졌습니다.

진(秦)나라를 이은 한(漢)나라는 7대 무제(武帝) 때 이르러 눈부신 전성기를 누렸습니다. 무제는 많은 업적을 세웠지만 까다롭고 다혈질적인 성격에 무리한 원정과 토목공사를 벌여 평가가 엇갈리는 인물입니다.

사마천의 나이 36세 때 무제는 봉선(封禪)의식을 거행했습니다. 봉선은 천자(天子)가 하늘의 명을 받아 나라의 번영을 비는 의식으로, 태산 정상에 단을 쌓고 하늘에 제사 지내는 것을 봉(封), 땅을 평평하게 만들어 땅에 제사 지내는 것을 선(禪)이라고 합니다.

진시황 이후 처음으로 행해지는 봉선 의식인지라 태사령 사마담은 여기에 참여하기를 고대하고 있었습니다. 하지만 공교롭게도 이 결정적인 시기에 그가 낙양 땅에 머물고 있었던 탓에 봉선 행사에서 배제되었습니다. 태사령으로서 일생일대의 중요한 행사에 참석하지 못한 사마담은 홧병을 얻어 사경을 헤매게 되었습니다.

장안에서 낙양으로 아버지의 임종을 지키러 온 사마천에게 사마담은 다음과 같은 유언을 남겼습니다.

"천아, 내가 죽거든 너는 반드시 나를 이어 태사가 되거라. 그래서 내가 시작한 역사기록을 마무리 지어 효도하고 사마씨의 가문을 빛내다오."

기원전 110년 사마천은 아버지의 뜻에 따르겠다고 굳게 약속했습니다. 그리고 아버지가 죽은 지 3년이 지나 무제의 태사령이 되었습니다.

무제의 봉선의식을 수행하면서 여러 지방을 두루 다닌 사마천은 견문을 넓히고 역사 자료들을 수집했습니다. 또 역법 전문가로서 기원전 104년, 42세 때 공포된 동아시아 최초의 태음태양력인 태초력(太初曆)의 제정에 참여한 후 본격적으로 역사 저술에 전념했습니다.

47세 때까지 태사령으로 황제에게 신임을 받아오던 사마천에게 인생에서 가장 큰 비극이 일어났습니다. 바로 기원전 99년 9월 4차 흉노정벌 때 이릉(李陵) 장군이 항복하는 사건이었습니다.

무제는 집권 후기인 기원전 112년부터 모두 여섯 차례 대대적인 흉노 정벌에 나섰습니다. 중국은 진시황이 그들의 침입을 막기 위해 만리장성을 쌓을 정도로 오랫동안 흉노족들에게 시달려왔습니다. 흉노를 정벌하는 것은 역대 황제들의 큰 숙제였기에 무제도

총력을 기울이던 차에 생긴 일이었습니다.

이릉은 70여 차례 전투에서 큰 공을 세워 흉노족들이 가장 두려워했던 이광(李廣) 장군의 손자였습니다. 이광은 한나라의 날아다니는 장군이란 뜻의 한비장군(漢飛將軍)으로 불릴 만큼 용맹한 명장이었습니다.

화살을 쏘아 바위를 뚫은 일화로 유명한 그는 무예와 담력이 뛰어났을 뿐 아니라 청렴하고 덕이 높았습니다. 조부 이광처럼 이릉도 무제의 4차 원정에 참여해 5000명의 보병으로 8만의 흉노와 물러섬 없이 맞섰던 장수였습니다.

이릉이 이끄는 군대는 필사적으로 싸웠으나 10배가 넘는 적에게 포위되어 군량도 떨어지고 사상자는 갈수록 늘어났습니다. 지원병마저 오지 않자 이릉은 어쩔 수 없이 항복하고 말았습니다.

그의 항복 소식이 전해지자 한나라 황실은 크게 뒤집혔습니다. 무제는 진노했고 신하들도 이릉을 강력 처벌해야 한다고 입을 모았습니다. 모두가 하나같이 처벌을 주장하자 무제는 사마천에게 의견을 물었습니다.

사마천이 대답했습니다.

"이릉은 이광 장군의 손자답게 그동안 많은 전공을 올리고 투철한 충성심을 보여왔습니다. 불과 5000의 보병으로 8만의 흉노 기병대를 수차례 무찔러 승전보를 전했습니다. 다만 이번만큼은

상황이 불운했고 중과부적(衆寡不敵, 적은 수로 많은 적을 대적하지
못함)이라 항복할 수밖에 없었을 것입니다. 그의 성품으로 보아 항
복한 것은 살아서 훗날을 기약할 의도인 듯합니다. 제때 원군을
보내지 못한 조정의 작전 실패도 원인이었습니다. 이릉만의 잘못
은 아닙니다.”

이 말을 들은 무제는 격분했습니다.

“지금 이릉이 항복한 것이 작전 실패라고 했느냐? 총사령관 이
광리(李廣利) 장군 잘못이란 말인가? 그를 임명한 사람이 짐인데
지금 내게 책임을 돌리는 것인가?”

이광리 장군은 무제의 총애를 받던 이씨 부인의 오빠였기 때문
에 사마천의 이릉 변호는 걷잡을 수 없는 결과를 가져오고 말았
습니다. 이릉의 일가족은 몰살당하고 사마천은 감옥에 갇혀 49세
에 황제 무고죄로 사형을 선고받았습니다.

이 시대에 사형을 면하려면 50만 전의 속죄금을 내든지 아니면 성기가 잘리는 궁형을 받든지 선택해야 했습니다. 궁형을 당하면 오랜 기간 극심한 고통과 치욕을 견뎌야 했기에 사람들은 차라리 죽는 것을 더 쉽고 떳떳하다고 여겼습니다.

하지만 수중에 돈 50만 전이 있을 리 없었던 사마천은 깊은 고뇌 끝에 궁형을 선택하고 목숨을 부지했습니다. 오로지 역사기록이라는 아버지와의 약속을 지키기 위해서였습니다.

옥중에서도 저술을 계속한 사마천은 궁형을 받은 지 2년 만에 극적으로 황제의 신임을 회복했습니다. 사형수 신세에서 일약 중서령(中書令)의 자리에까지 올랐습니다. 중서령은 환관이 오를 수 있는 최고 관직으로, 황제 곁에서 문서를 다루는 직책이었습니다.

사마천은 환관이라는 주변의 비아냥과 멸시를 이겨내고 기원전 91년 마침내 《사기(史記)》를 완성했습니다. 신화 시대에서 기원전 1세기까지 52만 자, 135권에 달하는 중국의 통사를 써냈던 것입니다. 누구의 도움도 없이 홀로 기록한 이 방대한 저서는 중국 최고의 역사서로 손꼽힙니다.

사마천은 예전에 친구 임안(任安)이 보낸 편지에 답장 형식으로 글을 써서 전한 적이 있었습니다. 이것이 바로 중국의 10대 문장 중 하나로 꼽는 〈보임안서(報任安書)〉로, 사마천은 그 편지에서 자신이 옥에 갇히고 궁형에 처한 경위와 《사기》 저술에 혼신의 힘을 쏟은 심경, 삶과 죽음에 대한 생각을 절절하게 전했습니다. 편지 속에 이런 내용이 나옵니다.

"가령 내가 그때 법에 굴복하여 사형을 당했다 해도 사람들에겐 9마리 소 중에 털 하나[九牛一毛] 빠진 것처럼 여겨졌을 것이오. 그러니 나와 같은 존재는 땅강아지나 개미 같은 미물과 무엇이 다르겠소. 사람들은 내가 죽는다 해도 절개를 위해 죽은 것이 아니라 죄가 너무 커서 죽었다고 생각했을 것이오. 사람은 누구나 한 번 죽지만, 어떤 죽음은 태산처럼 무겁게 여겨야 하고 어떤 죽음은 기러기 깃털처럼 가볍게 여겨야 한다오[或重于泰山 或輕于鴻毛]. (중략) 만일 이 역사서가 명산에 보관되고 후세에 전해져 천하에

태산홍모 泰山鴻毛 | 클 태, 뫼 산, 큰기러기 홍, 털 모

'태산과 기러기 깃털'처럼 아주 무거운 것과 아주 가벼운 것은 그 차이가 매우 크다는 것을 비유하는 말.
사마천은 〈보임안서〉라는 글에서 자신이 궁형을 택한 이유에 대해 "사람은 누구나 한 번 죽는 것인데, 그 죽음을 태산같이 무겁게 여겨야 할 때와 깃털처럼 가볍게 여겨야 할 때가 있으니 이는 지향하는 바가 서로 다르기 때문이다"라고 설명함.

유통된다면 내가 받은 치욕은 보상될 것이오. 그렇게만 된다면 비록 내 몸이 만 번이나 베임을 당한다 해도 무슨 후회가 되겠소.”

　여기서 나온 구우일모(九牛一毛)라는 말은 대단히 많은 것 중에 지극히 적은 것을 비유할 때 쓰입니다.

비 슷 한 뜻 의 한 자 성 어

- **창해일속 滄海一粟 | 푸를 창, 바다 해, 한 일, 조 속**
  '넓고 큰 바닷속의 좁쌀 한 알'이라는 뜻으로, 아주 많거나 넓은 것 가운데 있는 매우 하찮고 작은 것을 이르는 말.

33 도둑에게 비단을 내려 절도범을 없애다

梁 上 君 子

양 상 군 자

梁 들보 량(양)   上 위 상   君 임금 군   子 아들 자

후한(後漢) 말기 중국은 사회의 혼란이 극심했습니다. 환관들이 중앙정부를 장악하여 뜻있는 지식인들을 잡아 가두는 등 횡포를 부렸고 지방의 호족들은 각자 자기 세력을 키우고 있었습니다. 세상의 인심은 흉흉하고 이어지는 흉년과 전염병, 전쟁에 시달린 농민들은 도적 떼가 되기도 했습니다.

그 시절 하남성 태구현(太丘縣)의 현령(縣令)이었던 진식(陳寔)이라는 사람이 있었습니다. 그는 학식이 뛰어나며 정직하고 온화할 뿐 아니라 매사를 공정하게 처리해 사람들에게 존경을 받았습니

다. 공명정대하게 사람들을 대하고, 분쟁과 소송에는 언제나 공정한 판단을 내렸습니다. 옳고 그름을 비유를 들어 명확하게 설명해 주었기 때문에 뒤에서도 그를 원망하는 사람이 없었습니다. 그런 그를 보며 사람들은 이렇게 말했습니다.

"차라리 형벌을 더 받으면 받았지 진식 어른께 꾸지람을 듣지는 않겠다."

고사성어 속 고사성어

난형난제 難兄難弟 | 어려울 난, 형 형, 어려울 난, 아우 제

진식은 6명의 아들을 두었는데 그중 진기(陳紀)와 진심(陳諶)이 학식과 덕망이 높아 사람들은 그들 3부자를 '삼군자(三君子)'로 불렀다. 진기의 아들 진군(陳群)도 역시 뛰어난 인물로 재상 자리까지 올랐다. 진군이 어렸을 때 진심의 아들인 사촌 진충(陳忠)과 서로 자기 아버지가 더 훌륭하다며 논쟁하다가 결론을 내지 못했다. 그래서 할아버지인 진식에게 가서 판단해달라고 요청했다. 그때 진식은 이렇게 대답했다. "진기도 형 되기가 어렵고 진심도 동생 되기가 어렵겠구나." 여기서 나온 말이 '난형난제'로 '사람이나 사물의 우열을 가리기 힘들 정도로 비슷하다'라는 뜻으로 쓰인다.

어느 해에 흉년이 들어 많은 사람이 궁핍에 처했습니다. 진식은 백성들의 어려움을 걱정하느라 잠을 이루지 못한 날들이 많았습

니다.

그러던 어느 날 한밤중에 진식의 집에 도둑이 들었습니다. 도둑은 몰래 대들보 위로 올라가 웅크리고 있었습니다. 당시의 집들은 대들보와 천장 사이에 공간이 있는 목가 구조로 되어 있었습니다.

그날도 잠을 이루지 못했던 그는 모르는 척하며 일어나 아들과 손자들을 깨워 불러모았습니다. 진식이 바르게 앉아 엄숙한 표정을 지으며 자손들을 훈계했습니다.

"얘들아, 사람이라면 마땅히 엄격하게 자신을 다스리고 바른길로 가도록 힘써 노력해야 한다. 원래 태어날 때부터 나쁜 사람은 세상에 없다. 다만 평소에 배우지 않고, 자신을 엄격하게 다스리지 못해서 차츰 나쁜 품성이 습관으로 자라나게 됐을 뿐이다. 지

이제 장발장이 되는건가?

생계형 범죄의 재발 방지 최고 대책은 관용과 재난지원금 지급

금 저 대들보 위에 앉은 군자[梁上君子]처럼 말이다."

대들보 위에서 숨죽여 이 말을 듣고 있던 도둑은 소스라치게 놀랐습니다. 도둑은 급히 내려와서 진식 앞에 무릎을 꿇고 머리를 조아리며 사죄했습니다.

진식이 그를 일으켜 세우고 말했습니다.

"너의 얼굴을 보니 나쁜 사람은 아닌 것 같구나. 사는 것이 얼마나 어렵고 고달팠으면 이런 짓을 했겠느냐. 앞으로는 열심히 노력해서 자신을 이겨내고 선한 사람으로 돌아가거라."

그러고는 비단 두 필을 꺼내 도둑에게 주며 밑천 삼아 장사를 해보라고 돌려보냈습니다.

이 이야기는 삽시간에 온 마을로 퍼져나갔고 태구현에는 도둑이 모조리 사라졌습니다.

비 슷 한 뜻 의 한 자 성 어

● **무본대상** 無本大商 | 없을 무, 근본 본, 클 대, 헤아릴 상
'밑천 없이 장사하는 큰 장수'라는 뜻으로, 도둑을 놀림조로 이르는 말.

이후 양상군자(梁上君子)는 도둑을 점잖게 비유하는 말이 되었습니다. 뿐만 아니라 천장의 쥐를 비유하는 말로도 쓰입니다.

진식은 여러 차례 고위 관직으로 부름을 받았으나 고을을 묵묵히 지키다가 84세의 나이로 세상을 떠났습니다. 국가 지도자로 유명세를 떨치던 사람은 아니었지만 진식의 장례식에 조문객이 3만 명이나 되었고 직계 자손들만 입는 상복을 입은 사람도 100명이 넘었다고 합니다.

34 지나친 것도 모자라는 것도
다 경계하라

過 지나칠 과   猶 같을 유   不 아닐 불   及 미칠 급

공자에게는 수십 명의 제자가 있었는데 그들은 두 부류로 나뉩니다. 하나는 공자가 천하를 두루 돌아다니기 전에 거느렸던 제자들이고, 다른 하나는 그 후부터 말년까지 함께했던 제자들입니다. 스승의 가르침을 받는 사람을 제자(弟子)라고 하는데 아우[弟]뻘 되는 사람들, 자식[子]뻘 되는 사람들을 합친 말입니다.

자공(子貢)은 공자의 탁월한 제자 열 명을 일컫는 공문십철(孔門十哲) 중 한 사람입니다. 그는 공자보다 31살 아래였는데 언변과

정치 감각이 뛰어나 나중에 노나라와 위나라의 재상을 지냈습니다. 또한 장사 수완도 좋아 부를 많이 축적했고 그렇게 모은 재산 덕분에 공자에게 경제적으로 큰 도움을 줄 수 있었습니다. 하지만 학문과 수양에는 부족함이 있어 공자는 그에 대해 군자가 되기에는 부족하다고 평가하기도 했습니다.

특히 자공은 질문을 잘하고 사람들을 평가하기를 좋아했습니다.

그가 어느 날, 공자에게 물었습니다.

"자장(子張)과 자하(子夏) 중 누가 더 현명합니까?"

"자장은 매사에 좀 지나침이 있고 자하는 좀 부족하지."

"그러면 자장이 더 낫다는 말씀이신가요?"

자공의 눈에는 매사에 자신만만하고 당당한 자장이 훨씬 나아 보였던 것입니다. 이때 공자가 답했습니다.

"지나침은 모자람과 같다[過猶不及]."

자공이 비교하며 물었던 자하와 자장은 둘 다 공자의 후기 제자들입니다.

지나치다는 평가를 받은 자장은 공자보다 48세 아래로 진(陳)나라 출신이었습니다. 그는 천재적인 능력의 소유자로, 공자의 가르침을 받으면 잊지 않기 위해 자신의 허리띠에 적을 만큼 적극적인 성품이었습니다. 하지만 수양이 부족하고 의욕이 넘치는 면이

자하   자장

있었습니다.

그와 함께 공자에게 배웠던 자유(子游)는 "내 친구 자장은 어려운 일을 처리하는 능력은 뛰어나지만 아직 어질다[仁]고 할 수 없다"고 했고, 증자(曾子)는 "자장은 당당하고 멋지지만 함께 인(仁)을 행하기는 어렵겠다는 생각이 든다"고 평한 적이 있습니다.

적극적인 성품에 능력도 뛰어나지만 자신감이 지나쳐서 공자의 중심사상인 인(仁)의 정신, 즉 다른 사람들을 인정하고 배려하는 점이 부족했던 것입니다.

한편, 공자보다 44세 어린 자하(子夏)는 학문에 관해서는 가장 뛰어나 공문십철에 드는 사람으로, 학문에 대해 여러 명언을 남겼습니다. 그중 '폭넓게 배우고 뜻을 돈독히 하며 간절한 마음으로 질문하고 가까운 데서부터 생각해나가면 인은 그 가운데 있을 것이다[博學而篤志 切問而近思 仁在其中矣]'라는 말은 공부에 관한 원칙을 정리한 문장으로 유명합니다.

자하는 차분하고 신중하며 치밀한 성격으로 학문 연구에는 탁월했지만 통이 좁은 데다 소극적인 면이 있었습니다. 그래서 공자에게 "군자 같은 선비가 되어야지 소인배 같은 선비가 되면 안 된다"는 지적을 받기도 했습니다.

결국 공자는 두 제자 모두 중용의 도에는 미치지 못함을 안타까워했던 것입니다.

비슷한 뜻의 한자성어

- **중용** 中庸 | 가운데 중, 떳떳할 용
  지나치지도 부족하지도 아니하고 한쪽으로 치우치지도 아니한, 떳떳하며 변함이 없는 상태나 정도를 말함.

- **과욕불급** 過慾不及 | 지나칠 과, 욕심 욕, 아닐 불, 미칠 급
  너무 지나친 행동은 오히려 모자란 행동보다 못하다는 뜻으로, 욕심이 지나치면 오히려 손해를 보게 된다는 것을 말함.

이렇듯 과유불급(過猶不及)은 지나친 것이나 부족한 것이나 다 적절하지 않다는 의미로 쓰입니다. 둘의 우열을 가리는 것이 아니라 한쪽으로 치우침이 없이 균형을 유지해야 한다는 뜻입니다.

이처럼 지나치지도 부족하지도 않은 상태를 중용(中庸)이라고 합니다.

지금 일에
마음을 뺏기지 마라

塞 翁 之 馬
새 옹 지 마

塞 변방 새 翁 늙은이 옹 之 어조사 지 馬 말 마

옛날 송(宋)나라 사람 중에 선을 행하는 것을 좋아하는 사람이 있었습니다. 그는 삼대(三代)에 걸쳐서 선행을 게을리하지 않았습니다.

어느 날, 그 집에서 웬일인지 검은 소가 흰 송아지를 낳았습니다. 이에 대해 한 선생에게 묻자 선생은 이렇게 말했습니다.

"이것은 아주 운수가 좋을 징조요. 그러니 귀신에게 바치도록 하시오."

그로부터 1년이 지나 그 집의 아버지가 아무런 이유도 없이 맹

인이 되었습니다. 그리고 소는 또 흰 송아지를 낳았습니다.

아버지가 아들을 보내어 그 선생에게 물으려고 하자 아들은 화를 내면서 말했습니다.

"지난번에 선생의 말대로 했는데 운수가 좋기는커녕 아버지가 이렇게 맹인이 되셨잖아요. 그런데 뭘 또 물으라고 하십니까?"

그러자 아버지는 이렇게 대답했습니다.

"성인(聖人)의 말은 처음에는 틀린 것 같아도 나중에는 맞는 법이다. 이 일은 아직 끝난 게 아니니 가서 다시 물어보거라."

그래서 아들이 다시 선생을 찾아가서 물으니 선생이 말했습니다.

"이것은 운수가 좋을 징조네. 다시 귀신에게 바치도록 하게나."

아들이 돌아와서 선생의 말을 전하자 아버지는 그 말대로 하라고 말했습니다. 다시 1년이 지난 후에 그 아들도 아무런 이유 없이 맹인이 되고 말았습니다.

그 후 강력한 초(楚)나라의 군대가 송나라에 쳐들어와 성을 포위했습니다. 초나라 군대가 지구전에 돌입해 포위 기간이 길어지자 당시 성 안에 갇혀 있던 송나라 사람들은 참혹한 어려움 속에서도 성벽에 올라가 굳게 지키며 끝내 항복하지 않았습니다.

이에 크게 화가 난 초나라 왕은 곧바로 성을 쳐서 성벽에 올라 성을 지키던 자들을 모두 베었습니다. 그런데 오로지 그 아버지와 아들만은 맹인이라 성벽에 올라가지 못해 살 수 있었습니다. 초나

라 군사들이 포위를 풀고 돌아가자 그 아버지와 아들의 눈은 원래
대로 다시 보이게 되었습니다.

이처럼 무릇 화(禍)와 복(福)은 서로 번갈아 일어나며 그 변화
를 예측하기 어려운 법입니다.

한편, 옛날에 술법(術法)에 정통한 노인이 변방에 살고 있었습니
다. 하루는 그 집의 말이 아무런 이유도 없이 국경을 넘어 오랑캐
땅으로 도망가버렸습니다. 사람들이 모두 그를 위로했습니다.

그러자 그 노인이 말했습니다.

"이 일이 도리어 복이 될 줄 누가 알겠소."

그로부터 몇 달이 지나자 그 말이 오랑캐 땅에서 준마를 데리고 돌아왔습니다. 이번에는 사람들이 모두 축하했습니다. 이에 노인이 말했습니다.

"이 일이 도리어 화가 될 줄 누가 알겠소."

그 집에 늙어서 얻은 귀한 어린 아들이 있었는데 말타기를 즐겼습니다.

어느 날, 그 아들이 새로 온 준마를 길들이려 올라탔다가 떨어져 넓적다리뼈가 부러지고 말았습니다. 사람들은 모두 그를 위로했습니다. 그 아버지가 말했습니다.

"이 일이 도리어 복이 될 줄 누가 알겠소."

그런 일이 있고 1년이 지난 후 오랑캐가 국경을 넘어서 쳐들어왔습니다.

변방 지역의 건강한 젊은이들은 모두 전쟁터로 나가 활을 들고

비슷한 뜻의 한자성어

- **전화위복** 轉禍爲福 | 구를 전, 재앙 화, 할 위, 복 복
  재앙과 근심거리가 바뀌어 오히려 복이 된다는 뜻으로, 좋지 않은 일이 계기가 되어 오히려 좋은 일이 생김을 말함.

싸웠는데 10명 중에 9명은 전사했습니다. 하지만 그의 아들은 장애인이 되었던 까닭에 살아남게 되었습니다.

그러므로 복이 화가 되기도 하고 화가 복이 되기도 합니다. 그 변화가 무궁무진하고 심오하여 예측하기가 어렵습니다.

이 이야기는 《회남자(淮南子)》〈인간훈편(人間訓篇)〉에 실려 있습니다. '변방에 살던 늙은이의 말'을 의미하는 새옹지마(塞翁之馬)는 인간의 길흉화복(吉凶禍福), 즉 좋은 일과 나쁜 일, 재앙과 복은 함부로 점칠 수 없다는 뜻으로 쓰입니다.

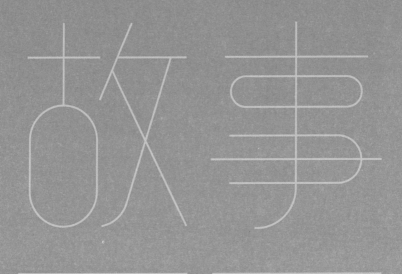

9장   깊은 생각,
       옳은 행동

36

더러운
성공

舐　痔　得　車
지　치　득　거

舐 핥을 지　痔 치질 치　得 얻을 득　車 수레 거

전국 시대 송나라의 사상가였던 장자가 하루는 양자강의 지류인
복수(濮水) 근처에서 낚시를 하고 있었습니다. 이때 어디선가 얼굴
에 기름이 번지르르한 귀족 두 사람이 나타났습니다. 초나라 왕이
사신으로 보낸 대부들이었습니다. 대부들은 하사받은 영지를 다
스리던 권세가였습니다.

그들이 장자에게 왕의 뜻을 전했습니다.

"수고스러우시겠지만 저희 초나라의 재상이 되어 정치를 맡아
주십시오."

전국 시대 송나라와 국경을 맞대고 있었던 초나라는 가장 넓은 영토를 가진 남쪽의 강대국이었습니다. 그런 초나라에서 왕 다음 가는 재상의 자리를 촌부인 장자에게 제안했던 것입니다.

하지만 장자는 낚싯대를 드리운 채 뒤를 돌아보지도 않고 이렇게 말했습니다.

"초나라에는 죽은 지 3000년이나 되는 신령스러운 거북이 있다고 들었소. 왕은 그 거북을 비단으로 싸서 옷상자에 넣어 역대 왕을 모시는 종묘에 소중히 간직한다지요? 그런데 그 거북이라면 잡혀 죽어서 뼈만 남은 채 존귀하게 여김을 받고 싶겠소, 아니면 아무리 진흙 속이라도 차라리 살아서 꼬리를 끌며 다니고 싶겠소?"

거북은 예부터 장수를 상징하는 동물이었습니다. 고대에는 거북의 등껍질을 이용하여 나라의 중대사를 결정하는 점을 치기도 했습니다. 초나라에서도 거북의 유골을 모셔두고 신성한 일을 기원할 때마다 그 앞에 진수성찬을 차리고 절을 올리며 극진히 대접했습니다.

장자의 질문에 두 대부가 대답했습니다.

"살아서 진흙 속에 꼬리를 끌며 다니고 싶어하겠지요."

장자가 말했습니다.

"나에게 재상을 권하는 것은 소용없는 짓이니 돌아가시오. 그

리고 초나라 왕에게 나는 앞으로도 진흙 속에서 꼬리를 끌며 살
것이라고 전해주시오."

　장자가 살았던 송나라는 전국 시대의 여러 나라 중에서 약소국
이었습니다. 송나라에 조상(曹商)이라는 사람이 있었습니다. 그는
송나라 왕의 사신이 되어 최강국 진(秦)나라를 방문하게 되었습니
다. 이때 조상은 송나라 왕으로부터 받은 수레 몇 대만을 이끌고
진나라로 떠났습니다.

　조상의 유세가 마음에 들었던 진나라 왕은 그에게 수레 100대
를 내려주었습니다. 조상은 송나라로 돌아오는 길에 장자를 만나
의기양양하게 말했습니다.

　"나는 이런 촌구석의 비좁고 지저분한 뒷골목에 살면서 비쩍

마른 목덜미에 누렇게 뜬 얼굴로 궁색하게 짚신이나 꼬아 만드는 데는 소질이 없네. 하지만 한 번에 천자(天子)를 깨닫게 하고 수레 100대를 얻는 능력은 확실히 있는 것 같네. 하하하."

조상의 말에는 가난하게 사는 장자의 초라한 몰골을 보고 자신의 부유함을 은근히 드러내려는 의도가 들어 있었습니다.

그러자 장자가 말했습니다.

"진나라 왕은 병이 나서 의사를 불러 종기를 째서 고름을 빨아주면 수레 1대를 주고, 치질을 핥아주면 수레 5대를 준다더군. 치료하는 부위가 더러울수록 하사하는 수레가 점점 늘어난다고 하던데, 자네도 진나라 왕의 치질을 많이 핥았나 보구려. 아니라면 이렇게 수레가 많을 수 없지. 생각만 해도 더러우니 어서 썩 내 눈앞에서 사라지게!"

비슷한 뜻의 한자성어

● **연옹지치** 吮癰舐痔 | 빨 연, 종기 옹, 핥을 지, 치질 치
'종기의 고름을 빨고 치질 앓는 밑을 핥는다'는 뜻으로, 남에게 지나치게 아첨함을 이르는 말.

지치득거(舐痔得車)란 '치질 앓는 부위를 핥아서 수레를 얻다'는 뜻으로, 권력자에게 아첨하여 큰 이득을 챙기는 것을 말합니다. 목적을 이루기 위해서라면 그 과정이 바람직하지 않아도 개의치 않고, 성공을 위해서라면 수단과 방법을 가리지 않는 것을 풍자하는 말입니다.

37

부끄러움을 모르고 예의도 없는 사람

鐵 面 皮
철 면 피

鐵 쇠 철　面 낯 면　皮 가죽 피

송나라 때 인물로 추정되는 왕광원(王光遠)이라는 사람이 있었습니다. 그는 어려서부터 재능이 많아 일찌감치 진사(進士)가 되었습니다.

그러나 자신의 출세를 위해서라면 아첨하는 것에 전혀 거리낌이 없었으며 높은 벼슬아치와 권세가들의 집만 찾아다녔습니다. 그들의 집을 찾아갔을 때는 그 집 어린아이한테도 굽신거리기를 서슴지 않았습니다.

어느 날 그가 한 권력가의 집에 찾아갔을 때의 일입니다.

그 권력가는 시를 한 수 지었는데 마음에 들지 않아 이리저리 고치고 있었습니다. 왕광원은 기회를 놓칠세라 형편없는 시를 보고 이렇게 말했습니다.

"이야, 정말 대단한 능력자이십니다. 이런 시구는 시선(詩仙)으로 불리는 이태백(李太白)도 짓지 못할 것입니다. 깊은 학문과 훌륭한 인품을 가진 사람에게서만 나올 수 있는 표현이지요."

왕광원이 또 다른 세도가의 집을 찾아갔을 때의 일입니다.

그 세도가는 사람들과 술을 마시다가 잔뜩 취한 나머지 회초리를 휘둘렀습니다. 그때 사람들은 모두 그 자리를 피했지만 왕광원만은 피하지 않고 그 자리에 그대로 남았습니다.

세도가 왕광원을 보며 물었습니다.

"내가 자네한테 회초리질 좀 하고 싶은데 받아주겠나?"

그러자 왕광원은 머리를 조아리며 "어르신이 내리시는 회초리라면 저는 약으로 달게 받겠습니다. 자, 어서 때려주십시오"라고 대답하고는 선뜻 웃통을 벗었습니다.

사정없는 회초리질이 시작되었으나 왕광원은 아픔을 참아가며 세도가의 비위를 맞추었습니다.

"어르신의 회초리를 맞으니 정신이 번쩍 들고 마음이 시원해집니다."

왕광원이 그런 일을 당하고 그 집에서 나왔을 때 그를 아는 사람들이 따라와 말했습니다.

"이 친구야, 자네는 그런 수치를 당하고 부끄럽지도 않은가? 어떻게 그렇게 태연할 수 있나?"

왕광원이 대답했습니다.

"수치라고 할 게 없지. 그 사람에게 잘 보이는 만큼 출세도 빨라질 테니 말이야."

당시 사람들은 이런 왕광원을 비루하다고 여기며 이렇게 평했습니다.

"왕광원은 낯짝이 얼마나 두꺼운지 마치 열 겹 철갑을 두른 것 같구먼."

이 이야기에서 유래된 철면피(鐵面皮)는 부끄러움을 모르는 뻔뻔한 사람을 비유하는 말로 쓰입니다.

'부끄러움을 모르는 두꺼운 낯'을 뜻하는 철면(鐵面)이 다른 뜻으로 쓰이는 경우도 있습니다.

역시 송나라 때 전중시어사(殿中侍御史)라는 관직을 맡은 조변(趙抃)이라는 사람이 있었습니다. 전중시어사는 조정의 관리들이 한 일을 기록하고 비리를 조사하여 탄핵하는 감찰관이었습니다.

조변은 자신이 맡은 임무를 충실하게 감당했습니다. 그는 비리를 저지른 인물이라면 그 사람이 아무리 황제의 총애를 받더라도, 아무리 높은 벼슬자리에 있더라도 가차 없이 탄핵했습니다.

그가 탄핵한 인물 중에는 군사 업무를 다루는 최고 기관인 추밀원(樞密院)의 추밀사와 추밀부사, 나라의 재정 담당 최고 기관의 우두머리인 삼사사(三司使), 황실의 문서기록을 담당하던 한림학사(翰林學士) 등도 포함되어 있었습니다. 심지어 최고의 권력가인 재상도 예외가 아니었습니다. 그는 재상을 탄핵하기 위해 12번이나 상소를 올린 끝에 해임에 성공했습니다.

그는 포청천(包靑天)으로 불리는 명판관 포승(包拯)과 함께 엄중함의 대명사 불렸으며 지위의 높낮이와 상관없이 부정을 적발해 냈습니다. 사람들은 그런 그를 철면어사(鐵面御史)라고 불렀습니다. 이때의 '철면'은 권력에 굴하지 않고 얼굴에 철판을 두른 듯 냉정하고 강직하다는 의미로 쓰입니다.

비 슷 한   뜻 의   한 자 성 어

- **후안무치** 厚顔無恥 | 두터울 후, 낯 안, 없을 무, 부끄러울 치
  '얼굴이 두껍고 부끄러움이 없다'는 뜻으로, 뻔뻔스러워 부끄러움을 모른다는 뜻.

- **박면피** 剝面皮 | 벗길 박, 낯 면, 가죽 피
  '얼굴 가죽을 벗긴다'는 뜻으로, 뻔뻔한 사람에게 창피를 주어 면목 없게 하는 것을 이르는 말.

38 효도할 시간은
바로 지금

風樹之嘆
풍   수   지   탄

風 바람 풍   樹 나무 수   之 어조사 지   嘆 탄식할 탄

공자가 자신의 뜻을 펼치기 위해 제자들과 함께 천하를 돌아다닐
때였습니다. 어느 날 어디선가 한 남자의 통곡 소리가 너무나도 구
슬프게 들려왔습니다.

공자가 수레를 모는 제자에게 재촉했습니다.

"어서 빨리 몰아라, 어서 빨리. 앞에 몹시 지친 사람이 있는 것
같다!"

이르러서 보니 초나라의 효자로 알려진 고어(皐魚)라는 사람이
었습니다.

바람처럼 가버리시다니 T.T

바람대로 외지 않는 게 효도

  그는 몸에 굵고 거친 베옷을 걸치고 손에 낫을 들고 길가에서 통곡을 하고 있었습니다. 공자는 수레에서 내려 고어에게 물었습니다.

  "당신은 상을 당한 것도 아닌데 곡소리가 어찌 이다지도 구슬픕니까?"

  고어가 대답했습니다.

  "저는 평생에 하지 말았어야 할 3가지 잘못을 저지른 것이 후회되어 이렇게 울고 있는 것입니다. 젊을 때 공부한답시고 여러 제후국을 돌아다니느라 부모님을 돌보지 못한 것이 첫 번째 잘못입니다. 제 포부만 높고 고결하다고 여겨 평범한 군주는 섬기려 들지 않은 것이 두 번째 잘못입니다. 친구와 사귀면서 두텁게 쌓았던 우정을 가벼이 여겨 관계를 끊어지게 한 것이 세 번째 잘못입니다. 무릇 나무는 고요하게 있고 싶어하나 바람이 그치지 않고, 자식은 봉양하려고 하나 부모님은 기다려주지 않는다[夫樹欲靜而風不止, 子欲養而親不待]고 했습니다. 가버린 것을 다시 쫓을 수 없는 것이 세월이며, 세월이 흘러가고 나면 다시는 볼 수 없는 것이 부모님입니다."

그러고는 얼굴의 핏기가 사라지더니 곧 죽고 말았습니다.

공자가 제자들에게 말했습니다.

"너희는 지금 이 일을 명심하거라. 평생 마음에 새겨두기에 충분한 교훈이구나."

이에 감동한 제자들 중 부모님을 봉양하러 돌아간 사람이 13명이나 되었습니다.

이 이야기에서 풍수지탄(風樹之嘆)이라는 말이 나왔습니다. '바람이 그치지 않음을 나무가 탄식한다'는 뜻으로, 효도하고자 하나 부모가 이미 돌아가셨음을 한탄한다는 말입니다.

비슷한 뜻의 한자성어

● 풍목지비 風木之悲 | 바람 풍, 나무 목, 어조사 지, 슬플 비
'바람을 맞고 있는 나무의 탄식'이라는 뜻으로, 효도를 다하지 못한 채 어버이를 여윈 자식의 슬픔을 이르는 말.

39 부모님을
즐겁게 해드리는 것이 효도

斑衣之戲
반 의 지 희

斑 얼룩 반 衣 옷 의 之 어조사 지 戲 놀 희

중국 춘추 시대 초(楚)나라에 노래자(老萊子)라는 학자가 있었습니다. 그는 공자와 같은 시기의 사람으로 세상이 혼란해지자 몽산(蒙山) 기슭에서 농사를 짓고 글을 쓰며 살았습니다.

　지금의 쓰촨성(四川省) 성도에 있는 몽산은 강우량이 많아 거의 일 년 내내 온 산이 안개와 비구름으로 덮여 있는데, 덮인 산이란 뜻의 몽산도 이러한 기후 때문에 붙여진 이름입니다. 이 지역은 차 재배에 최적화된 곳이라 학자가 은둔하여 살기에 적합했습니다.

그는 젊었을 때부터 지극한 효심으로 부모님을 봉양했습니다. 그래서 중국 역사상 24명의 효자 중 한 사람으로 꼽힙니다. 노래자(老萊子)라는 이름도 '늙어서도 부모님의 장수를 바라는 효자'라는 뜻입니다.

세월이 흘러 노래자는 나이 70의 백발이 성성한 노인이 되었습니다. 그때까지도 그의 부모는 자식의 효도 덕분에 정정하게 생활하고 있었습니다.

한 뼘 더 깊게

70세를 '고희'라고 부르게 된 유래

나이 70세를 고희(古稀 옛 고, 드물 희)라고 하는데, 이 말은 당나라의 시성(詩聖) 두보(杜甫)의 시 〈곡강(曲江)〉에 나오는 구절인 '인생칠십고래희(人生七十古來稀)'의 준말이다. '사람이 일흔 살까지 살기란 예부터 드문 일'이라는 뜻으로, 당시는 평균수명이 지금보다 훨씬 낮았기에 사람의 나이가 70이 되는 것을 희귀한 일로 여겼다.

노래자는 그 나이에도 항상 어린아이들이나 입는 알록달록한 무늬의 옷[斑衣]을 입고 천진난만한 표정으로 부모님 앞에서 놀며 재롱[戲]을 부렸습니다. 그의 재롱에 부모님도 자신의 나이를 헤

아려보려고 하지 않았고, 노래자도 연로한 부모님 앞에서는 자신의 나이를 밝히지 않았습니다.

그리고 부모님의 식사는 매끼 손수 차려드렸으며 식사를 마칠 때까지 갓난아기처럼 마루에서 엎드려 있었습니다. 때로는 물을 들고 마루로 올라가다 일부러 거꾸러진 후 마룻바닥에 뒹굴면서 아기처럼 앙앙 울었습니다. 부모님이 자식이 나이 드는 것을 보고 허전해할까 봐 일부러 한 행동이었습니다.

한 뼘 더 깊게

청려장이란?

노래자(老萊子)의 이름에 있는 한자 '래(萊)'는 명아주라는 1년생 풀을 말하는데 무병장수의 상징이다. 명아주로 만든 지팡이를 청려장(靑藜杖)이라고 하며 잘 말리면 나무보다 가볍고 단단해서 노인들이 애용했다. 우리나라에서도 신라 시대부터 청려장의 인기가 높아 노인이 70이 되면 나라에서, 80이 되면 임금이 직접 청려장을 선물했다고 한다.

어느 해 초나라의 왕이 노래자가 인격이 훌륭하고 학식이 높다는 소문을 듣고 그의 초라한 가옥을 찾아왔습니다.

"나는 능력이 부족한데 의논할 상대도 없으니 선생께서 나를

좀 도와주시오.”

“저 같이 초야에 묻혀 사는 자가 무슨 정치를 알겠습니까?”

노래자가 초왕의 요청을 여러 차례 거절했지만 간청에 못 이겨 결국 허락했습니다.

초왕이 돌아간 뒤에 노래자의 아내가 들판에서 일하다 돌아와서 물었습니다.

“집 앞에 수레바퀴 자국이 보이던데 무슨 일이 있었나요?”

“초나라 왕이 나더러 좀 도와달라고 하는구려.”

“그래서 승낙하셨단 말인가요?”

“어쩔 수 없이 그렇게 되었소.”

그러자 노래자의 아내가 말했습니다.

“여보, 술이나 고기를 줄 수 있는 사람은 채찍과 몽둥이로 내리칠 수 있고, 관직이나 봉급을 줄 수 있는 사람은 작은 도끼, 큰 도끼로 해칠 수 있다는 말을 들은 적이 있어요. 지금 당신이 남이 주는 술과 고기를 먹고 관직과 봉급을 받으면 나중엔 남의 손에 묶이는 신세가 될 거예요. 그때가 되면 어떻게 그런 위험을 피할 수 있겠어요?"

결국 노래자는 초왕의 요청에 응하지 않고 그 땅을 떠나 양자강 남쪽 지방에 머물며 살았습니다. 그의 인품에 감화된 사람들이 모여들어 그가 머무는 곳마다 마을이 형성되었다고 합니다.

노래자가 알록달록한 색동옷을 입고 부모님께 재롱을 부렸다는 이야기에서 반의지희(斑衣之戱, 자세한 내용은 이 책 18. '분서갱유' 참조)라는 말이 유래했습니다. 부모님을 지극한 정성으로 모시는 것을 표현할 때 씁니다.

비슷한 뜻의 한자성어

● 반포지효 反哺之孝 | 돌이킬 반, 먹일 포, 어조사 지, 효도 효
'까마귀 새끼가 자라서 늙은 어미에게 먹이를 물어다 주는 효'라는 뜻으로, 어버이의 은혜에 대한 자식의 지극한 효성을 이르는 말.

간신배들의 처세술

指 鹿 爲 馬
지 록 위 마

指 가리킬 지　鹿 사슴 록(녹)　爲 할 위　馬 말 마

중국 대륙을 처음으로 통일한 진시황은 여러 번 암살 위험을 겪었습니다. 그런 일이 이어지자 자신의 최측근인 환관 조고(趙高)가 없는 자리에서는 누구도 만나지 않았습니다.

조고의 힘은 막강해져 천하통일의 일등 공신 이사(李斯)조차도 조고에게 함부로 하지 못하였습니다.

머리가 비상했던 조고는 법치주의 국가 진나라의 방대한 법률을 줄줄 외는 등 형법에 능통한 사람이었습니다. 그는 처음에 황제의 수레 업무를 총괄하는 중거부령으로 일을 시작했습니다.

점차 뛰어난 행정 능력을 인정받아 진시황의 18번째 아들인 호해(胡亥)에게 법을 가르치고 그를 돌보게 되었습니다. 이후 진시황의 절대적 신임으로 옥새를 관리하는 부새령 직책까지 맡게 되었습니다. 사람을 잘 믿지 않던 진시황이 옥새까지 맡길 정도였으니 그의 능력이 어느 정도였는지 짐작할 수 있습니다.

　진시황의 장남 부소(扶蘇)는 매우 영특하고 인품이 훌륭해 아버지와 신하들의 기대를 한몸에 받고 있었습니다. 부소가 분서갱유(焚書坑儒, 자세한 내용은 이 책 18. '분서갱유' 참조) 사건 때 반론을 제기하자 진시황은 크게 화를 냈습니다.

　"이렇게 유약하고 순진해서 어떻게 군왕의 자리를 이어가겠느냐? 북방 흉노족을 막는 만리장성 축조 현장에 가서 험한 일을 경험하면서 배워 오너라."

　진시황은 부소를 북쪽 변방 상곡군(上谷郡) 지역에 보내 만리장성 축조의 임무를 맡은 30만 정예부대를 관리하도록 했습니다. 그리고 부소가 강한 후계자 훈련을 받도록 명장이자 만리장성의 축조자인 몽염(蒙恬)을 부관으로 딸려 보냈습니다. 몽염은 제나라를 정복할 때 큰 공을 세웠고 흉노족을 크게 무찌른 바 있으며, 글을 짓기 좋아하여 동물의 털을 이용해 붓을 발명했을 정도로 문무를 겸비한 장수였습니다.

진시황은 재위 기간 중 여러 차례 자신이 통일한 전국 곳곳을 순행했습니다. 이를 통해 건강과 지도력을 과시하려고 했습니다. 하지만 그의 목숨을 노리는 협객들이 많아서 순행할 때면 늘 군사들이 호위하는 5대의 수레 중 하나에 탔습니다.

기원전 210년, 다섯 번째 순행에 나섰을 때는 중거부령 조고, 승상 이사와 왕자 호해가 동행했습니다. 순행을 마치고 돌아오던 중 평원진에 이르렀을 때 유성이 떨어졌습니다.

그 운석에 누군가 '시황제사이지분(始皇帝死而地分, 시황제가 죽고 나라는 나뉜다)'이라고 써놓았습니다.

이를 알게 된 진시황은 격분하여 지역의 주민들을 학살했지만 자신은 병을 얻고 말았습니다. 그러나 자신이 병들어 죽어간다는 사실을 받아들이지 못했습니다. 그는 몽염의 동생 몽의를 시켜 산신들에게 기도를 드리도록 여러 산으로 보내기도 했습니다.

그러다 순행 일행이 사구(沙丘) 지방에 도달했을 때 진시황이 위독해졌습니다. 그는 변방에 가 있는 장남 부소에게 옥새와 함께 '군대를 몽염 장군에게 맡기고 수도 함양으로 와서 나의 장례를 주관하도록 하라'는 내용의 조서를 사신에게 전달하라고 명했습니다. 그러나 그 조서가 전달되기도 저에 진시황은 수레 안에서 파란만장한 50년 인생을 마감했습니다.

진시황의 유서와 옥새를 갖고 있던 조고는 역사를 뒤바꿀 음모를 꾸몄습니다. 현명하고 강직한 부소가 2대 황제에 오르면 자신의 입지가 위태로워질 것이라 우려했기 때문입니다. 대신 좀 부족하고 어리석지만 자신과 사이가 각별한 호해를 후계자로 세워 스스로 실권을 잡고자 했습니다. 이를 위해 승상 이사를 설득해 함께 유서를 조작했습니다.

몽염 장군과 그의 동생 몽의, 아버지 몽무 등 진나라에서 위세를 떨치던 몽씨 가문에 위기감을 느끼던 이사도 권력욕에 눈이 멀어 조고의 계획에 동참하게 됩니다.

진시황이 죽은 때가 무더운 여름이라 시체가 부패해 악취가 진동하기 시작했습니다. 조고와 이사는 수레에 소금에 절인 생선을 가득 실어 시체 냄새를 구분하지 못하게 한 뒤, 계획한 음모를 진행했습니다. 조고는 부소에게 보내는 서신에 옥새를 찍어 호해에게 가져갔습니다.

"황제께서 돌아가시면서 부소 왕자에게 내린 글입니다. 이제 부소 왕자가 황제가 되면 호해 왕자님은 작은 땅 하나 가질 수 없을 것입니다. 이를 어쩌시겠습니까?"

조고는 호해에게 아직 후계자 공표가 시행되기 전임을 밝히고 그에게 황제 자리에 오를 것을 부추겼습니다. 호해는 처음엔 아버지 진시황의 뜻을 따르려고 했으나 조고의 교묘한 논리와 집요한 설득에 넘어가고 말았습니다.

그런 다음 조고는 즉시 변방에 있던 부소와 몽염에게 자결하라는 위조 유서를 보냈습니다. 위조되었을 가능성이 있으니 철저하게 확인할 것을 권하는 몽염에게 부소가 말했습니다.

"의심하는 것 자체가 자식 된 도리를 어기는 일이오."

결국 만류하는 몽염의 조언을 뿌리치고 부소는 자결했습니다. 몽염은 자결을 거부했지만 나중에 호해가 황제 자리에 오른 후 조고에 의해 반역자로 몰려 아우 몽의와 함께 처형당했습니다.

호해는 함양으로 돌아와 진시황의 장례를 치른 후 2대 황제 자리에 올랐습니다. 이때 겨우 스무 살의 호해는 철이 없고 군주로서의 자질이 부족했습니다. 조고는 어린 황제가 실수라도 하면 신하들에게 약점 잡힌다고 호해를 구슬려 모든 국정 운영을 자기 손에 맡기게 했습니다. 그리고 호해를 깊은 궁중에서 향락에 빠져 살게 만들었습니다.

보다 못한 이사가 호해에게 글을 올려서 조고의 죄상을 폭로했습니다. 그러자 조고는 이사가 그렇게 하는 것은 다 자신을 죽이고 황제의 자리를 노리려고 한 짓이라 주장했습니다. 어리석은 호해는 조고에게 이사를 심문하라고 시켰습니다.

조고는 이사를 옥에 가두고 고문하여 그의 아들 이유(李由)와 함께 반란을 계획했다는 죄목을 뒤집어씌웠습니다. 억울함을 호소하는 이사의 상소문도 조고가 중간에서 가로챘습니다.

이후 조고는 이사를 계속 고문해서 자백을 받아내 처형하고 마침내 승상의 자리에 올랐습니다.

진나라 황실에서 실질적인 1인자가 된 조고는 자신이 황제가 될 속셈을 품었습니다. 조정의 대신들에게 자신의 영향력이 어느 정도인지 알아보기 위해 한 가지 꾀를 냈습니다.

어느 날 사슴을 호해 앞에 끌고 와서 말했습니다.

"제가 천하의 명마를 구했는데 폐하께 바치고자 합니다."

그러자 호해가 웃으면서 말했습니다.

"승상이 뭔가 잘 모르시는 것 같소. 사슴을 끌고 와서 말이라고 하다니요?"

하지만 조고는 사슴을 가리켜 계속 말이라고 우기며 신하들에게도 이것이 말로 보이냐고 물었습니다. 조고의 싸늘하고 날카로운 시선이 신하들에게 꽂혔습니다. 어떤 신하는 말이 아니고 사슴이라고 바른말을 했지만 어떤 신하는 조고의 말대로 말이 맞다고 했습니다. 조고는 말이 아니고 사슴이라고 말한 사람을 일일이 기억해뒀다가 나중에 모두 죽어버렸습니다.

훗날 조고는 호해도 죽이고 부소의 아들 자영을 3대 황제로 세웠습니다. 그러나 호해와 달리 영민한 자영에게 죽임을 당하고 말았습니다. 자영은 조고의 측근을 멸하고 국정 운영에 힘썼지만 이미 망가진 진나라는 회복 불가능한 상태였습니다. 결국 자영은 즉위한 지 불과 석 달 만에 함양에 진격한 유방에게 항복했고 중국 최초의 통일국가 진나라는 불과 15년 만에 멸망하고 말았습니다.

이 이야기가 '사슴을 가리켜 말이라 하다'라는 뜻의 지록위마(指鹿爲馬)라는 고사성어의 유래입니다. 아랫사람이 거짓말을 동원해 윗사람을 농락하며 권세를 휘두르는 상황을 나타내는 말입니다. 또한 모순된 것을 끝까지 우겨서 남을 속이려는 짓을 표현하는 말로도 쓰입니다.

비 슷 한 뜻 의 한 자 성 어

● **농단** 壟斷 | 언덕 롱(농), 끊을 단

'깎아지른 듯이 높이 솟아오른 언덕'이라는 뜻으로, 좋은 자리를 차지하여 이익이나 권력을 독차지함을 이르는 말. 어떤 사람이 시장에서 높은 곳에 올라가 사방을 둘러보고 물건을 사모은 다음 비싸게 팔아 이익을 독점하였다는 데서 유래함.

다다익선, 더 알고 싶은 고사성어 이야기

1. 성동격서 | 聲東擊西 소리 성, 동녘 동, 칠 격, 서녘 서

- 뜻풀이: 동쪽에서 소리를 내고 서쪽을 치다. 속이는 행동으로 상대의 주의를 끈
  다음 예상치 못한 곳을 공격하는 것을 의미.

- 유 래: 36가지 병법(兵法) 중 승전계의 한 작전으로, 한쪽을 공격할 듯 속인 다
  음 방비가 허술한 틈을 타서 다른 쪽으로 쳐들어가 적을 무찌르는 것을
  비유하는 말이다.

- 출 전: 《통전(通典)》〈병전(兵典)〉

2. 수서양단 | 首鼠兩端 머리 수, 쥐 서, 두 량(양), 끝 단

- 뜻풀이: 쥐구멍에서 쥐가 머리를 내밀고 나갈까 말까 망설인다. 결정을 내리지
  못하고 이리저리 재기만 한다는 말.

- 유 래: 중국 전한(前漢) 때 황제의 먼 친척인 두영(竇嬰)과 전분(田蚡)이란 두
  신하가 있었다. 서로 황제의 눈에 들기 위해 경쟁하던 두 사람은 황제
  가 베푼 술자리에서 시비가 붙어 무제(武帝)가 그 시비를 가리게 됐다.
  먼저 어사대부 한안국(韓安國)에게 판단을 요구했지만 그는 어느 한쪽
  의 원한을 살까 두려워 시비를 가리기 곤란하다고 말했다. 다음으로 궁
  내대신 정(鄭)에게 물었지만 그 역시 명쾌하게 답하지 못했다. 이때 전
  분이 황제의 심기를 불편하게 하여 죄송하다며 궁궐을 떠나면서 한안
  국을 불러 한마디했다. "그대는 작은 구멍에서 머리만 내민 쥐처럼 나갈

까 말까 엿보기만 하고[首鼠兩端, 수서양단], 옳고 그름[是非曲直, 시비 곡직]이 분명한 일을 어찌 대답하지 못하고 망설이는가. 그래서야 어찌 어사대부를 하겠는가."

수서양단은 위의 이야기 중 전분의 말에서 유래했다.

- 출　전: 《사기(史記)》 〈위기무안열전(魏其武安列傳)〉

3. 수석침류 | 漱石枕流 양치질할 수, 돌 석, 베개 침, 흐를 류(유)

- 뜻풀이: 돌로 양치질하고 흐르는 물을 베고 잔다. 말의 앞뒤가 맞지 않거나 틀린 주장을 억지로 끼워맞추려 함을 뜻함.

- 유　래: 삼국 시대 서진(西晉)의 손초(孫楚)가 벼슬하기 전의 일이다. 당시는 한 창 혼란스러운 시기여서 젊은이들 사이에는 죽림칠현처럼 속세를 등지 고 은둔하는 게 유행이었다. 이때 손초도 속세를 떠나기로 마음먹고 친 구인 왕제를 만나 말했다. 그런데 조조의 〈추호행(秋胡行)〉이라는 시에 서 "나는 이제부터 여기 있는 돌로 베개 삼고, 저기 흐르는 물로 양치질 하며 살고 싶다네[枕石漱流, 침석수류]"라는 시구를 멋지게 인용한다는 것이 그만 말이 헛나와 이렇게 말해버렸다. "나는 이제 돌로 양치질하고 흐르는 물을 베개로 삼으며 살고 싶다네[漱石枕流, 수석침류]."

  이 말을 들은 왕제가 오류를 지적하자 손초는 인정하지 않고 이렇게 둘 러댔다. "내가 흐르는 물로 베개를 삼으려는 이유는, 요순 시대의 현자 허유(許由)처럼 쓸데없는 얘기를 들었을 때 귀를 씻기 위해서고 돌로 양치질을 하려는 것은 이를 단단하게 하기 위해서라네."

- 출　전: 《진서(晉書)》 〈손초전(孫楚傳)〉

4. 압권 | 壓卷 누를 압, 책 권

- 뜻풀이: 직역하면 '책을 누르다'라는 뜻. 책이나 작품 중에 가장 잘된 부분, 또는

여럿 가운데 가장 뛰어난 것을 뜻함.

- 유   래: 고대 중국의 과거시험에서 가장 뛰어난 답안지를 따로 골라 다른 답안지들 맨 위에 올려놓았다는 데서 유래된 말이다.

5. 양금택목 | 良禽擇木 좋을 량(양), 날짐승 금, 가릴 택, 나무 목

- 뜻풀이: 좋은 새는 나무를 가려 둥지를 튼다. 현명한 사람은 훌륭한 사람을 잘 선택하여 모신다는 뜻.

- 유   래: 공자가 천하를 돌아다니다 위(衛)나라에 갔을 때 위인으로 소문난 대부 공문자(孔文子)에게 의탁하여 지낸 적이 있다. 공문자는 사위인 대숙질(大叔疾)이 정치적 이유로 망명하자 사위는 물론 사돈까지 칠 계획을 세우고 공자에게 상의했다. 이에 공자는 "제사 지내는 일은 배웠지만 전쟁에 대해서는 전혀 알지 못합니다"라고 대답하고 그 자리를 물러나왔다. 그러고는 제자에게 어서 말에 수레를 매라고 했다. 제자가 그 까닭을 묻자 공자는 이렇게 대답했다. "좋은 새는 나무를 가려서 둥지를 튼다고 했다. 현명한 신하는 훌륭한 군주를 섬겨야 하느니라."

- 출   전: 《춘추좌씨전(春秋左氏傳)》

6. 엄이도령 | 掩耳盜鈴 가릴 엄, 귀 이, 훔칠 도, 방울 령(영)

- 뜻풀이: 귀를 가리고 방울을 훔치다. 어리석은 꾀를 써서 남을 속이려 하나 소용이 없음을 의미한다. 남의 말을 듣지 않는 독선적이고 어리석은 사람을 비유하는 말.

- 유   래: 춘추 시대 진(晉)나라의 범(范)씨 가문이 몰락하자, 도둑 하나가 범씨 가문의 귀중한 종을 훔치러 들어갔다. 훔친 종을 등에 지고 가자니 너무 커서 도둑은 고민 끝에 조각내어 가져가기로 했다. 도둑이 종을 내리치자 큰 소리가 났고 사람들에게 들킬 위기에 처했다. 이때 어리석은 도둑

이 생각해낸 해결 방법이란 바로 자기 귀를 틀어막는 것이었다. 어리석게도 자기 귀에 안 들리면 남들 귀에도 그런 줄 생각한 것이다.

● 출　전: 《여씨춘추(呂氏春秋)》〈불구론(不苟論)〉

7. 오리무중 | 五里霧中 다섯 오, 마을 리(이), 안개 무, 가운데 중

● 뜻풀이: 안개가 자욱한 것이 5리나 되다. 무엇이 어떻게 되고 있는지, 앞으로 어떻게 될지 도무지 짐작할 수 없다는 말.

● 유　래: 후한 때의 학자 장해(張楷)는 100여 명의 제자들이 있었고 많은 사람이 그와 가까이 지내려고 했다. 그러나 그는 세속에 때 묻은 자들과 섞이기 싫다며 시골로 은둔했다. 이때 그곳까지 따라간 사람들이 마을을 이룰 정도로 많았다. 조정에서 그를 관리로 등용하려고 했으나 역시 나아가지 않다. 그는 학문뿐만 아니라 도술에도 능했는데 5리 안을 안개로 뒤덮는 기술이 있었다. 장해는 만나고 싶지 않은 사람들이 찾아오면 안개를 일으켜 집을 찾을 수 없게 만들었다. 오리무중은 여기서 유래됐다.

● 출　전: 《후한서(後漢書)》〈장해전(張楷傳)〉

8. 오월동주 | 吳越同舟 나라 이름 오, 나라 이름 월, 같을 동, 배 주

● 뜻풀이: 원수지간인 오나라 사람과 월나라 사람이 같은 배를 타다. 적대관계의 사람끼리도 급하면 서로 돕는다, 또는 적대관계에 있는 사람들이 같은 처지에 놓여 있다는 뜻.

● 유　래: 《손자병법》에서 군사를 쓰는 상황을 9가지 지형[九地]에 비유해 설명하는데 그중 마지막인 사지(死地)를 논할 때 나온 말이다. 사지는 군사들이 사지에 몰려 나아갈 수도 물러설 수도 없는 지경이 되면 필사적으로 싸우게 되는 전략이다. 그 예로 "예전부터 원수지간인 오나라 사람과 월나라 사람이 한배를 타고 강을 건넌다고 치자. 강 한복판에서 갑자기

강풍이 불어 배가 뒤집히려고 한다면 살기 위해 필사적으로 협력할 것이다"라고 설명했다.

● 출　전:《손자병법(孫子兵法)》〈구지편(九地篇)〉

9. 위편삼절 | 韋編三絕 가죽 위, 엮을 편, 석 삼, 끊을 절

● 뜻풀이: 책을 엮어놓은 가죽 끈이 세 번 끊어지다. 학문에 대한 마음이 적극적이고 뜨거움을 비유하는 말.

● 유　래: 학문을 좋아한 공자는 말년에《주역(周易)》에 심취했다. 그는《주역》을 읽으면서 "나는 책을 읽느라 밥 먹는 것도 잊어버리고, 그 즐거움 때문에 근심마저 잊은 채 늙어가는 것도 모른다"고 했다. 죽음을 앞두고서는 "내가 좀 더 살 수 있다면 주역에 대해 더 공부하고 싶다"고 했을 정도다. 당시는 종이가 발명되기 전이라 책은 대나무로 만든 죽간을 가죽끈으로 연결한 것이었다. 공자가《주역》을 얼마나 열심히 읽었는지 질긴 가죽끈이 세 번이나 끊어졌다고 한다.

● 출　전:《사기》

10. 여반장 | 如反掌 같을 여, 뒤집을 반, 손바닥 장

● 뜻풀이: 손바닥을 뒤집는 것과 같다. 매우 간단하고 쉬운 일을 나타내는 말.

● 유　래: 맹자의 제자 공손추(公孫丑)가 물었다. "만약 선생님께서 제(齊)나라 요직에 오른다면, 관중과 안영이 이룬 업적을 다시 일으킬 수 있으시겠습니까?" 관중과 안영은 제나라의 명재상이자 중국 역사에서도 손꼽히는 인물이다. 그러자 맹자는 "제나라처럼 많은 백성과 넓고 기름진 땅을 가진 대국을 다스리는 것은 손바닥 뒤집듯 쉬운 일이다. 그런 조건에서도 왕도정치를 제대로 펴지 못한 건 그 재상들의 한계다"라고 지적했다.

● 출　전:《맹자》〈공손추장구상편(公孫丑章句上篇)〉

11. 이전투구 | 泥田鬪狗 진흙 니(이), 밭 전, 싸움 투, 개 구

- 뜻풀이: 진흙밭에서 개들이 싸우다. 아주 볼썽사나운 싸움을 일컫는 말.

- 유   래: 조선 개국공신 정도전(鄭道傳)은 태조 이성계(李成桂)에게 조선 팔도
  사람들의 특성을 다음과 같이 평했다고 한다. 경기도는 '경중미인(鏡中
  美人, 거울에 비친 미인)', 충청도는 '청풍명월(淸風明月, 맑은 바람 속
  밝은 달)', 전라도는 '풍전세류(風前細柳, 바람 앞에 가느다란 버드나
  무)', 경상도는 '송죽대절(松竹大節, 소나무와 대나무 같은 곧은 절개)',
  강원도는 '암하노불(岩下老佛, 바위 아래 늙은 부처)', 황해도는 '춘파투
  석(春波投石, 봄 물결에 돌을 던진 듯함)', 평안도는 '산림맹호(山林猛虎,
  산속의 사나운 호랑이)'라고 표현했다. 그런데 함경도는 '이전투구(泥
  田鬪狗, 진흙밭에서 싸우는 개)'라고 평했다. 강인하고 끈질긴 품성이란
  뜻이었겠지만 함경도 출신 이성계가 이 말을 듣고 안색이 변했다. 그러
  자 정도전은 '석전경우(石田耕牛, 돌밭을 가는 소)'라고도 할 수 있다며
  말을 돌렸다고 한다.

12. 자포자기 | 自暴自棄 스스로 자, 사나울 포, 스스로 자, 버릴 기

- 뜻풀이: 스스로 난폭하고 스스로 버린다. 절망에 빠져 스스로 포기하고 체념한
  다는 뜻.

- 유   래: 맹자께서 말씀하셨다. "자신을 난폭하게 다루는 자[自暴者]와는 더불어
  말할 수 없고, 자신을 내버리는 자[自棄者]와는 더불어 일을 할 수 없다.
  말로 예를 비난하는 것을 자포(自暴)라 하고, 내 몸이 인(仁)에 살고 의
  (義)를 따라 행하지 않는 것을 자기(自棄)라 한다."

- 출   전: 《맹자》〈이루상편(離婁上篇)〉 10장

13. 전전반측 | 輾轉反側 구를 전, 구를 전, 돌이킬 반, 곁 측

● 뜻풀이: 수레바퀴가 계속 돌며 옆으로 뒤척이다. 근심과 걱정으로 잠을 이루지
  못함을 비유.

● 유 래: 《시경(詩經)》의 '관관저구(關關雎鳩)'로 시작되는 시에서 유래된 말로,
  전(輾)은 반쯤 돌아 몸을 모로 세우는 것이고, 전(轉)은 뒹군다는 뜻이
  다. 반(反)은 뒤집음, 측(側)은 옆으로 세운다는 뜻이다. 이 말은 처음에
  는 아름다운 여인을 그리워하여 잠을 이루지 못하는 것을 비유한 말이
  었으나 후대에 오면서 단지 걱정과 많은 생각으로 잠을 이루지 못하는
  경우를 일컫게 되었다.

● 출 전: 《시경》〈국풍(國風)〉

14. 점입가경 | 漸入佳境 점점 점, 들 입, 아름다울 가, 지경 경

● 뜻풀이: 점점 아름다운 지경으로 들어가다는 뜻. 경치나 문장 또는 어떤 일의 상
  황이 갈수록 흥미롭게 전개됨, 또는 하는 짓이 갈수록 꼴불견임을 비유
  하는 말.

● 유 래: 중국 동진 시대의 고개지(顧愷之)는 인물화로 유명한 화가로, 서예의
  왕희지와 함께 당시 예술계의 쌍벽을 이루었다. 그는 평소 사탕수수를
  즐겨 먹었는데 항상 위에서부터 뿌리 쪽으로 먹었다. 사람들이 이상하
  게 여기자 고개지는 "갈수록 점점 좋은 경지로 들어가기 때문이다"라고
  설명했다.

● 출 전: 《진서》〈고개지전(顧愷之傳)〉

15. 조강지처 | 糟糠之妻 술지게미 조, 겨 강, 어조사 지, 아내 처

● 뜻풀이: 술지게미와 겨를 같이 먹던 아내. 몹시 가난할 때 어려움을 같이 겪은
  아내를 뜻함.

- 유 래: 후한 광무제의 누이 호양 공주가 홀몸이 되었다. 광무제가 누이에게 좋은 혼처를 찾아주려고 의향을 묻자 그녀는 "송홍(宋弘)이라면 남편으로 모시겠지만 그 외에는 생각이 없습니다"라고 대답했다. 송홍은 충성스럽고 인품이 훌륭해 광무제가 아끼는 신하였는데 이미 아내가 있었다. 하지만 누이가 좋아한다고 하니 맺어주고 싶었다. 그래서 누이를 병풍 뒤에 숨기고 송홍을 불러 마음을 떠보았다. "지위가 높아지면 친구를 바꾸고 집이 부유해지면 아내를 바꾼다고 하는데, 그럴 수 있는 일이라고 생각하오?" 송홍이 단호하게 대답했다. "저는 가난하고 천할 때 사귄 친구를 잊어서는 안 되고, 어려울 때 함께 고생한 조강지처도 절대 내쳐서는 안 된다고 들었습니다."

  결국 광무제와 호양 공주는 그의 마음을 바꿀 수 없었다.

- 출 전:《후한서》〈송홍전(宋弘傳)〉

16. 줄탁동시 | 啐啄同時 빠는 소리 줄, 쫄 탁, 같을 동, 때 시

- 뜻풀이: 안과 겉에서 동시에 쪼다. 깨달음의 오묘한 합작을 일컫는 말.

- 유 래: 병아리가 부화될 즈음이면 안에서 껍질을 쪼는데 이것을 줄(啐)이라 하고, 어미닭이 그 소리를 듣고 밖에서 껍질을 쪼는 것을 탁(啄)이라고 한다. 중국 송(宋)나라 때 불교 선종(禪宗)의 대표적인 서적인《벽암록(碧巖錄)》〈공안집(公案集)〉에 나오는 화두다. 병아리는 깨달음을 얻고자 수행하는 사람이고, 어미 닭은 깨우침의 방법을 가르쳐주는 스승을 비유한다.

- 출 전:《벽암록》〈공안집〉

17. 착금현주 | 捉衿見肘 잡을 착, 옷깃 금, 나타날 현, 팔꿈치 주

- 뜻풀이: 옷깃을 잡으면 팔꿈치가 드러나다. 몹시 가난하여 사정이 딱함을 비유

하는 말.

- 유 래: 공자의 제자 중 위(衛)나라의 증자(曾子)는 매우 가난하게 살았다. 입고 있는 솜옷은 다 해어져 솜이 드러날 정도였고 제대로 먹지 못해 얼굴은 누렇게 떴으며 온갖 고생으로 손발에는 굳은살이 박여 있었다. 사흘동안 불을 때지 못해 밥을 짓지 못하기 일쑤였고 옷을 지어입지 못한 지 10년이나 되었다. 머리에 관을 고쳐 쓰려고 하면 끈이 떨어지고, 옷깃을 여미려고 하면 팔꿈치가 드러났으며 신발을 신으면 뒤축이 나가버렸다. 그런데도 그는 다 떨어진 신발을 신고 《시경》의 〈상송편(商頌篇)〉을 노래했는데, 그 소리가 하늘과 땅에 가득 퍼져 악기에서 나오는 것 같았다. 이렇게 살았지만 천자도 그를 신하로 삼지 못했고 제후들도 그를 벗으로 삼지 못했다.
- 출 전: 《장자(莊子)》〈양왕편(讓王篇)〉

18. 천고마비 | 天高馬肥 하늘 천, 높을 고, 말 마, 살찔 비

- 뜻풀이: 하늘은 높고 말은 살찌는 계절이라는 뜻으로 가을을 나타내는 말.
- 유 래: 중국 북방의 유목민 흉노족(匈奴族)은 거의 2000년에 걸쳐 중국의 각 왕조와 백성들에게 공포의 대상이었다. 거친 평원에서 단련된 뛰어난 기마술을 바탕으로 기동력이 탁월했다. 그들은 곡식을 수확하는 가을이 되면 말을 타고 국경을 넘어와 약탈을 저질렀다. 중국 역대 왕조의 왕들은 흉노족의 침입을 막는 것이 국정의 가장 큰 과제였다. 천하를 통일한 진나라 시황제는 기존의 흉노 방어용 장성들을 증축하고 연결하여 만리장성(萬里長城)을 쌓기도 했다. '천고마비'란 원래 '가을이 되면 흉노족들이 말을 타고 쳐들어오니 긴장하고 방비하자'는 뜻이었으나 후대에 오면서 독서하기 좋은 계절, 가을이라는 의미로 사용되고 있다.
- 출 전: 《한서(漢書)》〈흉노전(匈奴傳)〉

19. 천리안 | 千里眼 일천 천, 거리 단위 리(이), 눈 안

- 뜻풀이: 천 리까지 볼 수 있는 눈. 세상의 일이나 사물을 꿰뚫어보는 뛰어난 통
  찰력을 비유하는 말.

- 유 래: 남북조(南北朝) 시대의 북위(北魏) 장제(莊帝) 때 광주자사로 부임해
  온 양일(楊逸)이라는 사람이 있었다. 당시 나이가 겨우 스물아홉이었
  고. 귀족 가문 출신이었지만 늘 겸손하고 백성을 위해 일하느라 먹고 자
  는 것까지 잊었다. 수년째 흉년이 계속되어 굶어 죽는 사람이 많아지자,
  그는 나라의 승인 없이는 열지 못하는 곡식 창고를 열어 굶주린 백성들
  을 구하려고 했다. 창고 책임자가 벌을 받을까 겁을 내어 반대하자 양일
  은 "나라의 근본은 백성이다. 사람은 먹지 않고는 살지 못한다. 백성들
  이 굶주리는데 왕만 배불리 먹는 게 옳은 일이겠는가. 이것이 죄가 된다
  면 내가 벌을 받겠다"라며 창고를 열어 백성들에게 나눠주었다. 또한 감
  시원들을 곳곳에 배치해 부패와 폐단을 막고 군대나 관리들이 지방으
  로 갈 때는 각자 먹을 것을 가지고 가도록 했다. 지방 사람들이 그들에
  게 식사를 제공하려 하면 다들 "자사님(양일을 가리킴)이 천리안(千里
  眼)을 가지고 계시는데 어떻게 속일 수가 있습니까" 하고 이를 거절했
  다고 한다.

- 출 전: 《위서(魏書)》 〈양일전(楊逸傳)〉

20. 천의무봉 | 天衣無縫 하늘 천, 옷 의, 없을 무, 바느질할 봉

- 뜻풀이: 선녀의 옷에는 바느질 자국이 하나도 없다. 꾸밈없이 자연스럽고 아름
  다우면서 완전함을 이르는 말로 주로 시가나 문장이 뛰어나 흠이 없음
  을 비유한다.

- 유 래: 하늘의 직녀가 인간 세상의 청년 곽한(郭翰)을 흠모하여 천제의 허락을
  얻어 밤마다 지상으로 내려왔다. 직녀가 곽한을 위해 가져온 요리는

모두 이 세상에는 없는 것들이었다. 어느 날 곽한이 그녀의 옷에 바느질한 자국이 하나도 없는 것을 보고 신기하여 묻자 직녀가 대답했다. "하늘에 사는 저희가 입는 옷은 원래 실이나 바늘을 사용하지 않아요."

● 출　전:《태평광기(太平廣記)》

21. 천편일률 | 千篇一律 일천 천, 책 편, 하나 일, 법 률(율)

● 뜻풀이: 천 편의 책이 하나의 법률처럼 모두 같다. 사물이 모두 판에 박은 듯이 똑같아 특색이나 개성이 없음을 말함.

● 유　래: 송나라 대문호 소식(蘇軾)이 "요즈음 시험에 답안으로 제출한 문장들은 천 사람의 글이 서로 엇비슷해서 시험관들도 이를 역겨워한다"고 한탄했다는 이야기에서 유래했다.

● 출　전:《답왕양서(答王庠書)》

22. 촌철살인 | 寸鐵殺人 마디 촌, 쇠 철, 죽일 살, 사람 인

● 뜻풀이: 한 치의 쇠붙이로 사람을 죽이다. 짧고 간결한 말로 남에게 감동을 주거나 약점을 찌름을 뜻함.

● 유　래: 남송(南宋)의 유학자 나대경(羅大經)은 대가들의 어록, 시화, 평론을 비롯해 그의 집에 찾아온 손님들과 나눈 이야기들을 기록한《학림옥로(鶴林玉露)》라는 책을 지었다. 그중 선불교의 교리를 통달한 대혜종고(大慧宗杲) 선사(禪師)가 선(禪)에 대해 논한 대목에서 "어떤 사람이 수레에 가득 무기를 싣고 왔다고 해서 사람을 죽일 수 있는 것이 아니다. 나는 단지 한 치 쇠붙이로도 사람을 죽일 수 있다"라는 말이 등장한다. 여기서 유래한 '촌철살인'은 실제 살인한다는 것이 아니라 선(禪)의 핵심을 말한 것이다.

● 출　전:《학림옥로》

23. 칠종칠금 | 七縱七擒 일곱 칠, 놓을 종, 일곱 칠, 사로잡을 금

● 뜻풀이: 일곱 번 사로잡았다가 일곱 번 놓아주다. 상대를 자유자재로 다루는 것
을 비유하거나 인내심을 가지고 상대가 숙이고 들어오기를 기다린다
는 말.

● 유　래: 중국 삼국 시대 촉(蜀)나라의 군주 유비가 죽고 아들 유선(劉禪)이 왕
으로 올랐을 때, 제갈량이 남쪽 오랑캐를 토벌하러 나섰다. 이때 남쪽
오랑캐 땅의 장수 맹획(猛獲)은 굴복을 모르는 용맹스러운 자였다. 그
는 제갈량에게 생포되자 비겁한 방식으로 사로잡혔다고 승복하지 않았
다. 그러자 제갈량은 맹획을 놓아주었는데 그러기를 일곱 차례나 했다.
그제야 맹획도 진심으로 승복하면서 다시는 촉나라에 대항하지 않겠다
고 맹세했다.

● 출　전: 《삼국지》〈제갈량전(諸葛亮傳)〉

24. 한우충동 | 汗牛充棟 땀 한, 소 우, 가득찰 충, 대들보 동

● 뜻풀이: (수레에 실으면) 소가 땀을 흘리고 (쌓아올리면) 대들보까지 닿는다.
책을 수레에 실으면 끌고 가는 소가 땀을 흘릴 정도이고, 집에 쌓아두
면 대들보까지 가득 차게 될 정도로 장서가 많은 것을 비유하는 말.

● 유　래: 중국 당나라 때의 시인 유종원(柳宗元)이 같은 시대의 역사학자 육문통
(陸文通)을 위해 쓴 비문에 이런 내용이 있다. "공자가 지은 역사서 《춘
추(春秋)》에 대해 주석을 단 학자들이 천 명에 달한다. 그들은 뒤틀린
성품으로 서로 비난하고 숨은 일을 들추어내는 자들이다. 그들이 지은
책을 방에 두면 방에 가득 차고, 밖으로 옮기려면 수레를 끄는 소나 말
이 땀을 흘릴 정도다. 그러니 후세 사람들이 공자의 참뜻을 제대로 알기
란 심히 어려운 일이다."
원래는 함부로 지은 쓸모없는 책들이 많다는 뜻이었으나 점차 집에 책

이 많음을 가리키게 되었다.

- 출　전: 유종원의 육문통 비문

25. 함흥차사 | 咸興差使 다 함, 일어날 흥, 어긋날 차, 시킬 사

- 뜻풀이: 함흥으로 간 사신. 심부름을 간 사람이 소식이 없거나 회답이 오지 않음을 비유하는 말.
- 유　래: 조선 태조 이성계는 아들들끼리 살육을 벌인 왕자의 난(亂)이 일어나자 격분하여 왕위를 정종에게 물려주고 왕이 되기 전에 살았던 함흥으로 가버렸다. 형제들을 죽이고 왕이 된 태종 이방원은 아버지로부터 왕위 계승의 정당성을 인정받고 싶었다. 그는 아버지를 도성으로 모셔오려고 함흥으로 여러 차례 사신을 보냈다. 그런데 이성계가 그때마다 찾아온 사신들을 활로 쏴 죽이거나 잡아 가두고 돌려보내지 않았다고 한다.
- 출　전: 《축수편(逐睡篇)》

26. 현하구변 | 懸河口辯 매달 현, 강 하, 입 구, 말 잘할 변

- 뜻풀이: 강물이 높은 곳에 매달려 떨어지듯 말을 잘하다. 거침없이 흐르는 물처럼 말을 잘한다는 뜻.
- 유　래: 서진(西晉)의 학자 곽상(郭象)을 칭찬하는 말에서 유래했다. 그는 어려서부터 재능이 뛰어나고 무슨 일이든 깊이 생각하여 사리를 깨쳤다. 자라서는 노장사상에 심취하여 다른 사람들과 토론하기를 즐겼다. 벼슬이 내려져도 학문 연구에 뜻을 두어 사양했다. 그 후 황문시랑(黃門侍郞)이라는 관직을 받고 나아가서도 매사에 이치게 맞게 처리했다. 국정을 논할 때마다 논리가 정연하고 말재주도 뛰어난 곽상을 지켜보던 당대의 명사 왕연(王衍)이 그를 이렇게 칭찬했다. "곽상의 말을 듣고 있으

면 높은 곳에서 떨어지는 황하가 흘러내려 그치지 않는 것과 같구나.”

● 출　전:《진서》〈곽상전〉

27. 해어화 | 解語花 풀 해, 말씀 어, 꽃 화

● 뜻풀이: 말을 알아듣는 꽃이라는 뜻으로 뛰어난 미인을 나타내는 말.

● 유　래: 당나라 현종(玄宗)이 궁궐 정원 내 연못인 태액지(太液池)에 흰 연꽃
　　　　 1000송이가 피자 총애하던 양귀비(楊貴妃)와 더불어 잔치를 벌이고 감
　　　　 상했다. 사람들이 연꽃이 피어난 것을 보고 저마다 감탄사를 늘어놓았
　　　　 다. 그러자 한참이나 연꽃을 감상하던 현종이 양귀비를 가리키며 말했
　　　　 다. “아름다운 연꽃도 이 말을 알아듣는 꽃만 못하다.”

● 출　전:《개원천보유사(開元天寶遺事)》

28. 호접지몽 | 胡蝶之夢 오랑캐 호, 나비 접, 어조사 지, 꿈 몽

● 뜻풀이: 호랑나비의 꿈. 물아일체의 경지를 말함.

● 유　래: 어느 날 장자가 꿈을 꾸었다. 그는 호랑나비가 되어 꽃들 사이를 즐겁게
　　　　 날아다녔다. 그러다가 문득 잠에서 깨어보니 자신은 분명 장자였다. 장
　　　　 자는 자기가 꿈속에서 호랑나비가 된 것인지, 아니면 나비가 꿈속에서
　　　　 장자가 된 것인지 구분할 수 없었다. 장자가 곧 나비이고 나비가 곧 장
　　　　 자라는 경지, 사물과 내가 구별이 없는 물아일체(物我一體)의 경지를
　　　　 말한 것이다.

● 출　전:《장자》〈제물론편(齊物論篇)〉

29. 혼정신성 | 昏定晨省 어두울 혼, 정할 정, 새벽 신, 살필 성

● 뜻풀이: 저녁에 부모님의 잠자리를 펴고 새벽에 안부를 살핀다. 부모님을 극진
　　　　 히 모신다는 말.

- 유　래: 유가의 경전 중 하나인《예기(禮記)》〈곡례편(曲禮篇)〉에 "무릇 사람의
자식된 자의 예는 겨울에는 부모님의 몸을 따뜻하게 해드리고 여름에
는 시원하게 해드리며, 밤에는 편히 주무시도록 잠자리를 정해드리고
이른 아침에는 밤새 안녕하신지 안부를 살펴드리는 것이다"라는 말에
서 유래했다. 이 말의 교훈은 부모에게 효도를 다하라는 것이다. 유가에
서는 '효(孝)'를 모든 행실의 근본, 즉 백행지본(百行之本)으로 여겼다.
- 출　전:《예기》〈곡례편〉

30. 회자인구 | 膾炙人口 날고기 회, 구운 고기 자, 사람 인, 입 구

- 뜻풀이: 사람 입에 맞는 날고기와 구운 고기. 사람들의 구미에 맞는 회와 구운
고기처럼 사람들 입에 널리 오르내린다는 말.
- 유　래: 춘추 시대 공자의 제자 중 증석(曾晳)과 증삼(曾參)은 부자지간이었다.
아버지 증석이 생전에 산 열매인 고욤을 좋아했는데, 증삼은 아버지가
돌아가신 후 다시는 고욤을 먹지 않았다. 이 일을 두고 당시 유가의 제
자들이 증삼을 칭송하였다. 전국 시대에 와서 맹자의 제자인 공손추(公
孫醜)가 이 일에 대해 맹자에게 물었다. "선생님, 얇게 썬 날고기와 불에
구운 고기와 고욤 중에 어느 것이 더 맛있습니까?"
맹자가 대답했다. "물론 날고기와 구운 고기[膾炙]가 더 맛있지."
공손추가 또 물었다. "날고기, 구운 고기가 더 맛있다면 아버지 증석과
도 즐겨 먹었을 것 아닙니까? 그런데 증삼은 왜 날고기, 구운 고기는 먹
고 고욤만 먹지 않았을까요?"
맹자가 답했다. "날고기, 구운 고기는 누구나 좋아하는 음식이다. 고욤
은 그만큼 맛있지는 않지만 증석이 특별히 즐겨 먹었던 음식이었다. 그
런 이유로 증삼은 고욤만 먹지 않았던 것이다. 이는 마치 웃어른들의 이
름을 함부로 불러서는 안 되지만 성씨는 부를 수 있는 것과 같은 이치

다. 성씨는 많은 사람이 쓸 수 있으나 이름은 자신만이 가지고 있는 것
이기 때문이다."

● 출　전:《맹자》〈진심장구(盡心章句)〉하편

재밌어서 밤새 읽는
고사성어 이야기 2

1판 1쇄 인쇄 2024년 12월 10일
1판 1쇄 발행 2024년 12월 15일

지은이 박은철
발행인 김기중
주간 신선영
편집 백수연, 정진숙
마케팅 김보미
경영지원 홍운선
펴낸곳 도서출판 더숲
주소 서울시 마포구 동교로 43-1 (04018)
전화 02-3141-8301
팩스 02-3141-8303
이메일 info@theforestbook.co.kr
페이스북 @forestbookwithu
인스타그램 @theforest_book
출판신고 2009년 3월 30일 제2009-000062호

ISBN 979-11-94273-10-3 (03710)